Alfredo García Anaya

La Arquitectura Forense del Documento

Alfredo García Anaya

La Arquitectura Forense del Documento

Grafoscopía científica, integridad documental y valoración pericial de la evidencia

PUBLICIA

Imprint
Any brand names and product names mentioned in this book are subject to trademark, brand or patent protection and are trademarks or registered trademarks of their respective holders. The use of brand names, product names, common names, trade names, product descriptions etc. even without a particular marking in this work is in no way to be construed to mean that such names may be regarded as unrestricted in respect of trademark and brand protection legislation and could thus be used by anyone.

Cover image: www.ingimage.com

Publisher:
PUBLICIA
is a trademark of
Dodo Books Indian Ocean Ltd. and OmniScriptum S.R.L publishing group

120 High Road, East Finchley, London, N2 9ED, United Kingdom
Str. Armeneasca 28/1, office 1, Chisinau MD-2012, Republic of Moldova, Europe
Managing Directors: Ieva Konstantinova, Victoria Ursu
info@omniscriptum.com

Printed at: see last page
ISBN: 978-66-30-21420-8

La Arquitectura Forense del Documento

Grafoscopía científica, integridad documental y valoración pericial de la evidencia

Alfredo García Anaya

Datos de edición

Título: *La Arquitectura Forense del Documento*

Subtítulo: *Grafoscopía científica, integridad documental y valoración pericial de la evidencia*

Autor: Alfredo García Anaya

Primera edición: 2026

Lugar de edición: Ciudad Victoria, Tamaulipas, México

Contacto del autor: gestiones.legales1409@gmail.com

Advertencia metodológica y alcance

Este manual no ofrece fórmulas de certeza absoluta. Propone una metodología de examen documental que integra trazabilidad, control de sesgo, suficiencia muestral, comparación grafoscópica y comunicación proporcional de incertidumbre.

Toda explicación sobre alteraciones, simulación, imitación o documentos cuestionados se formula exclusivamente con fines de detección, preservación, análisis pericial y comunicación judicial, no como instrucción para fabricar, alterar o encubrir documentos.

El lector encontrará un modelo práctico para expedientes civiles, mercantiles, penales y de investigación técnica. Las referencias normativas se incorporan como guías de trabajo, no como sustituto del criterio judicial ni de la legislación aplicable al caso concreto.

Las situaciones nombradas como Hernández, Torres Medina, Ramírez Villanueva, Gutiérrez Solano y Mendoza Ortega son casos ficticios diseñados para enseñanza. Ninguna alude a personas o litigios reales.

Regla de lectura. Toda conclusión pericial debe ser proporcional al material examinado y a la calidad de la muestra. Cuando el documento no permite una respuesta fuerte, la respuesta correcta es explicar por qué.

Semblanza y línea de investigación previa del autor

Alfredo García Anaya desarrolla su línea de trabajo en grafoscopía, documentoscopía, criminalística de campo e investigación técnico-probatoria aplicada a controversias judiciales mexicanas. Esta semblanza concentra las referencias internas del autor para que el cuerpo técnico del manual se sostenga en fuentes externas verificables.

La trayectoria descrita en el manuscrito base se entiende como contexto profesional y no como fuente de autoridad probatoria. El manual privilegia criterios auditablemente reconstruibles: evidencia, método, límites, revisión y comunicación ante juzgadores, partes y peritos de contraparte.

Las experiencias previas del autor se presentan aquí como antecedente de investigación aplicada, mientras que la argumentación principal se apoya en estándares, literatura científica y normativa vigente.

Criterio autoral. El prestigio personal puede explicar una trayectoria, pero no prueba una firma. En sede judicial, la fuerza del dictamen nace de la trazabilidad del análisis.

Sinopsis

La Arquitectura Forense del Documento es un manual técnico científico dedicado al examen de escritura, firmas y documentos controvertidos en contextos judiciales y de investigación. Su premisa central es que una opinión pericial sólo adquiere fuerza cuando el lector puede reconstruir qué material se recibió, qué operaciones se practicaron, qué hallazgos se observaron, cuáles fueron las limitaciones y cómo se formuló la conclusión.

La obra integra derecho probatorio mexicano, grafoscopía, documentoscopía, cadena de custodia, suficiencia muestral, factores humanos, investigación técnico-probatoria, reporte evaluativo y defensa oral. Distingue sistemáticamente la autoría gráfica de la integridad documental; el original de la copia o el archivo derivado; la observación de la inferencia; y la conclusión técnica de la decisión jurídica.

Sus ocho capítulos combinan explicación científica, casos ficticios, matrices de análisis, tablas de decisión y formatos de trabajo. El enfoque dialoga con ANSI/ASB 070-22, NIST/OSAC, NISTIR 8282R1, ENFSI, PCAST, ISO/IEC 17025 y los estándares mexicanos de competencia EC0945, EC1081 y EC1204, sin tratarlos como sellos de infalibilidad. El resultado es una guía práctica para peritos, litigantes, investigadores y juzgadores que necesitan evaluar documentos con prudencia, transparencia y trazabilidad.

Criterios editoriales, técnicos y normativos

La obra utiliza grafoscopía para el cotejo técnico de escritura y firmas, documentoscopía para el examen material de documentos, razón de verosimilitud (*Likelihood Ratio*, LR) para el marco lógico de contraste de hipótesis y PDF para los archivos de representación digital.

Las figuras son originales, en blanco y negro o escala de grises, preparadas a 300 DPI y sin logotipos. Las tablas se numeran de forma continua y se mantienen dentro de márgenes editoriales mediante redacción sintética.

Los criterios técnicos se alinean con ANSI/ASB 070-22, NIST/OSAC, NISTIR 8282R1, ENFSI, CONOCER EC0945, EC1081 y EC1204, el Código Nacional de Procedimientos Penales, el Código de Comercio y literatura científica sobre sesgo, evidencia y valoración forense.

Los procedimientos de examen de escritura manuscrita se apoyan en ANSI/ASB 070-22 y en su registro por OSAC (AAFS Standards Board, 2022; National Institute of Standards and Technology, 2025).

Las buenas prácticas y el reporte evaluativo siguen las guías de la European Network of Forensic Science Institutes (ENFSI, 2015, 2022).

La competencia profesional y el marco de calidad se relacionan con los estándares CONOCER e ISO/IEC 17025 (Consejo Nacional de Normalización y Certificación de Competencias Laborales, 2017, 2018, 2019; International Organization for Standardization, 2017).

La confiabilidad, el sesgo y la prudencia epistémica se abordan a partir de la literatura crítica contemporánea (Cole, 2009; Dror, 2020; Dror & Cole, 2010; Mnookin et al., 2011; President's Council of Advisors on Science and Technology [PCAST], 2016; Risinger et al., 2002; Saks & Koehler, 2005).

Cómo utilizar este manual

Esta obra puede leerse de forma continua o consultarse por problemas. Los capítulos I a III establecen el marco procesal, científico y material del examen; los capítulos IV y V desarrollan el cotejo grafoscópico y la documentoscopía instrumental; los capítulos VI y VII ordenan investigación, contexto, hipótesis y comunicación de incertidumbre; y el capítulo VIII integra esas decisiones en un dictamen auditable. Los anexos reúnen formatos de trabajo que deben adaptarse al procedimiento de cada institución y a la legislación aplicable.

Para conservar una referencia uniforme se utilizan las siguientes convenciones: Q identifica el elemento cuestionado; K o M, la escritura conocida o muestra de comparación; D, el documento o soporte; F, la fotografía o archivo de imagen; y H1 y H2, las proposiciones rivales que organizan la evaluación. Estos códigos no sustituyen el inventario completo. Cada objeto debe conservar una descripción estable, procedencia, fecha de recepción y vínculo con sus fotografías, notas y resultados.

Las expresiones identificación, probable identificación, indeterminado, probable exclusión y exclusión representan grados técnicos condicionados por suficiencia, calidad, variabilidad y límites. No equivalen a porcentajes intuitivos ni resuelven fraude, dolo, validez jurídica o culpabilidad. Cuando el material no permite observar presión, secuencia, composición o integridad, la respuesta correcta es declarar la limitación y, si procede, solicitar el original o derivar a otra especialidad.

Las tablas sintetizan decisiones; las figuras muestran secuencias de examen; los casos ficticios ilustran cómo pasar de una controversia a una pregunta contestable. Ningún ejemplo debe copiarse mecánicamente. El lector debe volver al objeto recibido, la pregunta pericial, la calidad de las muestras y la competencia disponible. La regla de uso es: documentar, comparar, evaluar hipótesis rivales y comunicar sólo lo que la evidencia permite sostener.

Índice general

Introducción

El documento como problema técnico-probatorio

Los documentos ocupan un lugar central en la vida jurídica, económica y social. Contratos, recibos, pagarés, testamentos, convenios, cartas, expedientes, identificaciones, archivos digitales y firmas constituyen soportes mediante los cuales se crean obligaciones, se transmiten derechos, se documentan decisiones y se reconstruyen hechos. Cuando alguno de esos elementos es controvertido, la pregunta aparentemente sencilla —¿es auténtico?— se transforma en un problema técnico complejo que exige distinguir autoría gráfica, integridad material, procedencia, conservación, reproducción y fuerza probatoria.

La grafoscopía y la documentoscopía intervienen precisamente en ese espacio de incertidumbre. Su función no consiste en ofrecer certezas intuitivas ni en sustituir la decisión del juzgador, sino en examinar indicios observables mediante procedimientos sistemáticos, documentados y susceptibles de revisión. Una firma no puede valorarse únicamente por su semejanza visual; tampoco un documento puede considerarse íntegro por conservar una apariencia convencional. El análisis debe atender a la calidad del material recibido, la suficiencia y comparabilidad de las muestras, las características de la escritura, el soporte, las tintas, los sistemas de impresión, las posibles alteraciones, la cadena de custodia y las transformaciones introducidas por la reproducción física o digital.

En México, la prueba pericial procede cuando el examen de personas, hechos, objetos o circunstancias relevantes requiere conocimientos especiales en una ciencia, arte, técnica u oficio. Esa función procesal no autoriza al experto a decidir el litigio. El perito aporta información especializada para que el órgano jurisdiccional valore la evidencia junto con los demás elementos del expediente. La pertinencia de la intervención depende, por tanto, de formular preguntas técnicamente contestables y de mantener visible la frontera entre hallazgo, inferencia y decisión jurídica (Cámara de Diputados del H. Congreso de la Unión, 2025a, 2025b).

Tesis y principios de la obra

Este manual parte de una premisa fundamental: la fuerza de una conclusión pericial no depende de la seguridad con la que se pronuncia, sino de la calidad de la evidencia, la transparencia del método y la posibilidad de reconstruir el razonamiento que la sustenta. En consecuencia, el perito debe separar con claridad aquello que observa, aquello que infiere y aquello que no puede resolver. Las coincidencias y diferencias gráficas adquieren significado sólo cuando se analizan en conjunto, dentro de hipótesis explícitas y a la luz de las limitaciones reales del caso.

Esta concepción obliga a abandonar dos extremos igualmente problemáticos. El primero es el reduccionismo visual, que pretende decidir la autoría mediante la comparación superficial de formas. El segundo es el lenguaje absoluto, que convierte una opinión técnica en una declaración de verdad jurídica. Entre ambos se encuentra la práctica pericial responsable: documentar el material, controlar el sesgo, justificar la selección de muestras, considerar explicaciones alternativas y expresar las conclusiones de manera proporcional.

La distinción entre autoría gráfica e integridad documental atraviesa toda la obra. Determinar si una persona pudo ejecutar una firma no equivale a establecer que el documento completo sea auténtico, íntegro o jurídicamente válido. Una firma genuina puede aparecer en un documento posteriormente modificado; una reproducción puede conservar información morfológica y, al mismo tiempo, haber perdido datos relativos a presión, secuencia, tinta, relieve o soporte. Del mismo modo, la detección de una alteración material no permite atribuir por sí sola intención, fraude, dolo o responsabilidad penal.

Material, muestras y factores humanos

También resulta indispensable distinguir entre original, copia, fotografía, imagen digital y archivo fuente. El original conserva propiedades físicas que pueden ser decisivas: depósitos de tinta, penetración en el papel, relieve, cruces de trazos, características de impresión, respuestas ante distintas fuentes de iluminación y posibles intervenciones sobre el soporte. Una copia o imagen puede permitir determinadas observaciones, pero no restituye la información que el proceso de reproducción eliminó. Cuando sólo se dispone de material derivado, la conclusión debe limitarse a las propiedades efectivamente observables.

La suficiencia muestral constituye otro eje esencial. No toda escritura conocida es adecuada para la comparación. Las muestras deben examinarse atendiendo a su origen, espontaneidad, contemporaneidad, cantidad, calidad, legibilidad, variación natural y comparabilidad con el elemento cuestionado. Una colección numerosa de firmas poco comparables puede ser menos útil que un conjunto reducido, pero bien documentado y temporalmente pertinente. El problema no consiste únicamente en reunir muestras, sino en establecer qué representan y hasta dónde permiten sostener una inferencia.

El control de los factores humanos merece igual atención. El examinador puede recibir información contextual capaz de influir, incluso involuntariamente, en la selección de rasgos, la interpretación de diferencias o la intensidad de la conclusión. La identidad de las partes, la teoría del caso, otros resultados periciales, las expectativas del solicitante o el conocimiento previo de una confesión pueden orientar el proceso cognitivo sin aportar información necesaria para el cotejo. NISTIR 8282R1 propone abordar estos riesgos como componentes de un sistema de trabajo —personas, procedimientos, tecnología, ambiente, revisión y gestión— y no como defectos morales individuales (Expert Working Group for Human Factors in Handwriting Examination, 2021).

La incertidumbre no constituye una deficiencia que deba ocultarse. En algunos casos, el material permite una conclusión firmemente apoyada; en otros, sólo admite una identificación o exclusión probable; y en determinados supuestos, la respuesta científicamente correcta será la indeterminación. Reservar una conclusión no significa fracasar: significa impedir que los límites de la evidencia sean sustituidos por retórica.

Hipótesis rivales, evaluación y comunicación

Bajo esta perspectiva, el razonamiento mediante hipótesis rivales y la razón de verosimilitud —empleada aquí como marco lógico, no como cálculo improvisado— ofrecen una forma disciplinada de evaluar los hallazgos. La pregunta relevante no es simplemente cuántas semejanzas existen, sino qué tan esperables serían las observaciones si la escritura procediera de la persona examinada y qué tan esperables serían si procediera de otra. Sin datos empíricos suficientes para asignar valores numéricos defendibles, corresponde emplear una escala verbal previamente definida, explicar su fundamento y evitar porcentajes intuitivos.

La comunicación pericial debe conservar la misma prudencia en el gabinete, el informe y la audiencia. El experto no administra la carga de la prueba, no decide la culpabilidad y no determina la validez jurídica del documento. Su tarea es explicar qué hipótesis recibe apoyo, con qué fuerza, por qué razones y bajo qué reservas. Una conclusión técnicamente sólida permite que el juzgador comprenda su alcance sin convertirla en un veredicto.

Destinatarios y estructura

La obra se dirige a peritos, litigantes, investigadores, integrantes de instituciones de procuración y administración de justicia, estudiantes y profesionales interesados en la criminalística documental. Para el perito, proporciona criterios de recepción, examen, comparación, documentación y redacción. Para el litigante, ofrece elementos para formular puntos de pericia técnicamente contestables y evaluar la solidez de un dictamen. Para el investigador, establece pautas para localizar fuentes documentales, reconstruir rutas de circulación y preservar información sin contaminar el análisis. Para el juzgador, propone criterios que permiten diferenciar una opinión respaldada por datos de una afirmación sustentada únicamente en autoridad personal.

El contenido se organiza en ocho capítulos. El primero examina la prueba pericial documental en la justicia mexicana. El segundo desarrolla los criterios de cientificidad, validación, error, revisión y competencia profesional. El tercero estudia el documento cuestionado como objeto material, digital, jurídico y contextual. El cuarto constituye el núcleo demostrativo del cotejo grafoscópico: admisión de muestras, análisis de rasgos, variabilidad, hipótesis de imitación y conclusiones graduadas.

El quinto capítulo aborda soporte, tintas, impresión, iluminación y técnicas instrumentales desde una perspectiva de detección y preservación. El sexto integra investigación documental, fuentes externas y control del contexto. El séptimo desarrolla el LR conceptual, el sesgo y la comunicación de incertidumbre. El octavo reúne los componentes del dictamen auditable, presenta un modelo ficticio completo y prepara su defensa oral. Los anexos convierten esos criterios en formatos utilizables en gabinete, laboratorio y audiencia.

Toda explicación relacionada con simulaciones, imitaciones, enmiendas, tachaduras, raspados, lavados, sustituciones o alteraciones se formula exclusivamente desde la perspectiva de su reconocimiento, preservación, examen y comunicación judicial. Ningún contenido debe interpretarse como instrucción para fabricar, modificar, ocultar o destruir evidencia documental.

En última instancia, la grafoscopía y la documentoscopía cumplen mejor su función cuando transforman una controversia en un problema examinable, separan los datos de las interpretaciones y ofrecen al proceso judicial una opinión prudente, verificable y proporcional. La orientación que guía las páginas siguientes puede resumirse en una regla: no prometer más de lo que el documento permite afirmar, pero tampoco afirmar menos de lo que un examen riguroso puede demostrar.

Mapa de consulta por problema

El manual está organizado para que la consulta parta de una pregunta y no de una etiqueta disciplinaria. La tabla siguiente orienta al lector hacia el bloque donde se encuentra el criterio principal; en asuntos complejos deberán consultarse varios capítulos y conservarse separadas las conclusiones de autoría, materialidad, contexto y valoración jurídica.

Tabla 1. Ruta de consulta rápida

Pregunta técnica	Sección principal	Resultado de trabajo
¿La pregunta pericial es contestable?	Capítulo I	Objeto, alcance y exclusiones
¿El método y el examinador están controlados?	Capítulo II	Validación, competencia y revisión
¿Qué tipo de objeto fue recibido?	Capítulo III	Clasificación, materialidad y límites
¿Las muestras permiten comparar?	Capítulo IV	Suficiencia, matriz y conclusión graduada
¿Existe una posible alteración material?	Capítulo V	Observación, instrumental y derivación
¿Qué contexto y fuentes deben incorporarse?	Capítulos VI–VII	Bitácora, hipótesis y control de sesgo
¿Cómo se presenta y defiende el resultado?	Capítulo VIII	Dictamen auditable y testimonio

La lectura transversal evita respuestas globales. Un mismo expediente puede requerir una conclusión sobre la firma, otra sobre la integridad del soporte y una tercera sobre la suficiencia de la información digital. La decisión judicial permanece fuera de esas categorías técnicas.

Capítulo I

La prueba pericial documental en la administración de justicia mexicana

El perito como auxiliar técnico

La admisibilidad de la pericial documental en México no depende de una etiqueta científica, sino de su pertinencia, idoneidad, posibilidad de contradicción y explicación metodológica. Las referencias comparadas a Daubert y Kumho se emplean aquí como cultura de control racional: fundamento, aplicación al caso, límites y respuesta a preguntas de contraparte, sin desplazar el marco procesal mexicano.

Este capítulo convierte el derecho de contradicción en controles de gabinete: encargo definido, material identificado, método explícito y conclusión proporcional.

El perito no decide el litigio: traduce preguntas materiales a operaciones especializadas. Su valor aumenta cuando explica por qué un dato es relevante y por qué otro dato queda fuera de alcance.

La delimitación previa comprende el objeto, los documentos, las muestras, la técnica aplicable y la forma de comunicación.

Tabla 2. Etapas procesales y función técnica del perito

Etapa	Función pericial	Resultado técnico
Ofrecimiento	Delimitar punto de pericia y objeto	Pregunta técnica y lista de documentos
Admisión	Advertir pertinencia y suficiencia	Alcance metodológico
Desahogo	Explicar método y hallazgos	Dictamen con anexos
Valoración	Sostener límites y fuerza probatoria	Respuesta proporcional

Puntos de pericia bien formulados

Una pregunta defectuosa puede empujar al experto a contestar cuestiones jurídicas o psicológicas. La redacción técnica debe precisar documento, rasgo, muestra y alcance.

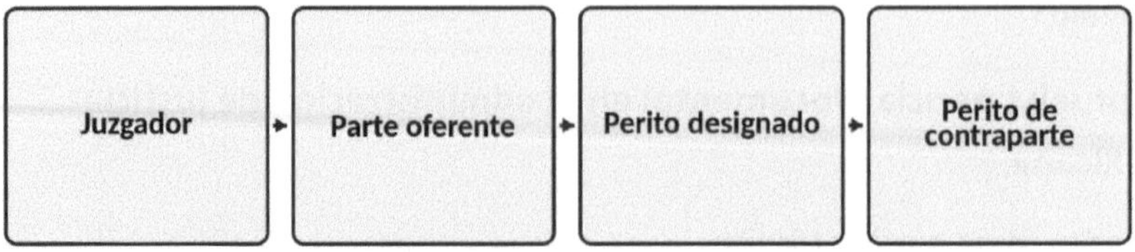

Figura 1. Triángulo ampliado de sujetos técnicos en la prueba documental. Fuente: elaboración propia.

Ofrecimiento, admisión y pertinencia

La pericial documental entra al proceso cuando se demuestra que el juzgador necesita conocimiento técnico. La pertinencia se fortalece si se explica qué dato no puede resolverse con simple lectura del expediente.

Cada punto de pericia debe vincularse con una consecuencia probatoria concreta: el dato que se pretende obtener, la controversia que ayuda a esclarecer y el límite dentro del cual puede ser valorado.

Debe evitarse ofrecer periciales genéricas que no cambian la controversia. La conclusión proporcional exige justificar la pertinencia técnica.

Tabla 3. Perito oficial, de parte y de contraparte

Rol	Ventaja	Riesgo de control
Oficial	Designación institucional	Carga de independencia documentada
Parte	Acceso temprano al caso	Riesgo de confirmación
Contraparte	Revisión crítica	Puede detectar omisiones
Tercero	Desempate técnico	Debe explicar criterios

Desahogo en audiencia oral

En audiencia, el dictamen deja de ser un archivo y se convierte en explicación sometida a contradicción. El experto debe hablar con precisión, aceptar límites y no defender teorías ajenas.

La utilidad procesal de la pericial depende de que el punto de pericia sea contestable técnicamente. Preguntar si una persona "mintió" o "cometió fraude" desborda la grafoscopía; preguntar por autoría de firma, integridad documental, suficiencia muestral, alteración visible o pérdida de información sí permite una respuesta especializada. Esta precisión favorece el contradictorio, porque la contraparte puede discutir el material, los criterios de comparación y el lenguaje de conclusión sin convertir el debate técnico en alegato de parte.

Contrainterrogatorio técnico

El contrainterrogatorio útil no ataca la personalidad del perito sino la ruta del análisis: muestra, originalidad, sesgo, documentación, método y alternativas.

Cadena de custodia documental

La custodia protege identidad e integridad del documento. Cuando se examina una copia, el objeto custodiado cambia: se custodia la imagen, archivo o reproducción recibida.

La trazabilidad documental se construye antes de la comparación. Deben quedar registrados quién entregó el documento, en qué fecha, bajo qué embalaje, con qué folios, en qué estado físico y qué transformaciones sufrió antes del examen. Esta bitácora no es burocracia: permite saber si el objeto observado coincide con el objeto debatido. En documentos cuestionados, una ruptura de custodia no prueba alteración por sí misma, pero sí modifica el alcance de la conclusión y obliga a advertir que ciertas propiedades materiales pudieron haberse perdido o contaminado.

Un PDF reenviado se registra como el objeto efectivamente recibido, no como sustituto del soporte original. La bitácora debe identificar su fuente, transferencias, estado y limitaciones.

Tabla 4. Rupturas de cadena de custodia y efecto pericial

Ruptura	Efecto	Respuesta técnica
Sin fecha de recepción	Debilita trazabilidad	Registrar limitación
Embalaje abierto	Riesgo de sustitución	Fotografiar y reservar conclusión
Copia sin origen	Pérdida de materialidad	Limitar a morfología
Archivo reenviado	Metadatos inciertos	Solicitar fuente primaria

Peritaje de parte y perito de contraparte

La participación de peritos de parte puede elevar la calidad de la contradicción si cada experto documenta su método. La contraparte no es enemiga de la ciencia; es un control del razonamiento.

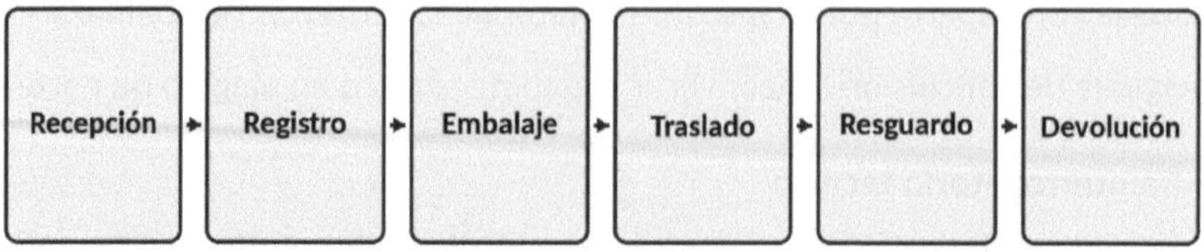

Figura 2. Flujo mínimo de cadena de custodia documental. Fuente: elaboración propia.

Prueba mercantil y títulos de crédito

Los documentos mercantiles suelen concentrar firma, cantidad, fecha, endoso, alteración y circulación. El examen debe distinguir autoría manuscrita de integridad del documento completo.

El ofrecimiento de la prueba debe traducir la controversia en una pregunta técnica. Cuanto más claro sea el objeto, más fácil será controlar pertinencia, suficiencia y alcance.

Prueba penal y estándar de cautela

En materia penal, la pericial puede incidir en imputación, descargo o credibilidad documental. Precisamente por ello exige prudencia mayor: la conclusión no debe ocultar incertidumbre.

El encargo se formula con respeto al estándar procesal aplicable. En materia mercantil suelen coexistir firma, monto, fecha, endoso y llenado; en materia penal la prudencia aumenta porque una conclusión técnica puede incidir en libertad o imputación. El informe debe separar hecho técnico, hipótesis investigativa y valoración jurídica, dejando al tribunal la integración final de la prueba.

El dictamen pierde rigor si incurre en usar la pericial como sinónimo de culpabilidad; la respuesta correcta es compatibilidad con la presunción de inocencia.

Lenguaje judicial y lenguaje técnico

El informe debe permitir que un juez entienda qué significa compatible, probable, indeterminado o excluyente. El tecnicismo que no ayuda a valorar debe ir al anexo o eliminarse.

El valor de una conclusión no está en su fuerza retórica sino en su relación con hipótesis rivales. El marco LR, usado aquí de manera conceptual, obliga a preguntar si los hallazgos son más esperables bajo un origen común que bajo un origen alternativo. Cuando no existen bases empíricas para calcular un número, lo correcto es emplear una escala verbal prudente y explicar sus límites. Así se evita tanto la falsa precisión matemática como el absolutismo clásico de “auténtico” o “falso” sin fundamento visible.

El perito debe conservar una respuesta técnica aunque la pregunta de la parte intente convertir el dictamen en una afirmación jurídica. Debe volver al material, al método y al grado de apoyo declarado. La preparación incluye identificar fotografías clave, diferencias relevantes, muestras limitadas y razones de incertidumbre. Esa disciplina permite responder con claridad sin prometer certeza absoluta ni invadir funciones del órgano jurisdiccional.

Caso Torres Medina

Un contrato privado se presentó en copia simple; la parte oferente solicitó cotejo de firma y fecha. La contraparte alegó que el documento circuló por mensajería sin constancia de recepción.

En el caso Torres Medina, la enseñanza principal es que la copia simple no debe convertirse en una plataforma para conclusiones materiales fuertes. El cotejo morfológico puede aportar una orientación inicial, pero no permite valorar presión real, secuencia de trazos, relieve, absorción de tinta ni posibles intervenciones sobre el soporte. La conclusión debe declarar con claridad qué se examinó: una reproducción, no el objeto original. Esa distinción protege al perito de sobreextender su inferencia y ayuda al tribunal a separar una hipótesis de trabajo de una conclusión pericial propiamente dicha.

El examen comienza por reconstruir la ruta de aportación, solicitar el original y, si éste no aparece, limitar la comparación a los rasgos morfológicos que la reproducción conserva.

Una copia escaneada no permite afirmar autenticidad plena. El dictamen debe limitarse a los rasgos conservados y advertir la cadena de custodia incompleta.

Caso ficticio: Torres Medina. Hechos: El documento se aportó como copia simple y sin acta de recepción verificable. Procedimiento aplicado: solicitar el original, reconstruir la cadena y limitar el cotejo a rasgos morfológicos visibles. Conclusión proporcional: Resultado prudente: indeterminado para presión y secuencia; posible análisis morfológico condicionado.

Objeto pericial y exclusiones

Un buen dictamen dice qué no analiza. Intención, dolo, valor jurídico del contrato o capacidad mental del firmante son cuestiones que exceden la grafoscopía salvo que exista un punto técnico específico.

En audiencia, el perito debe volver al material cuando una pregunta intente convertir el dictamen en juicio jurídico. La respuesta sobria protege la frontera perito-juez.

Registro de actuaciones periciales

La trazabilidad se construye con inventarios, fotografías, controles de acceso, notas de examen, versiones del informe y respaldo de anexos. Sin registro, el método queda en la memoria del experto.

La cadena de custodia no convierte automáticamente un documento en auténtico, pero sí protege la identidad del objeto examinado. Cuando esa cadena es incompleta, el informe debe decir qué inferencias se debilitan y cuáles todavía pueden realizarse.

Una matriz que enlace documento, observación, imagen y conclusión conserva la relación entre cada hallazgo y su fuente, y convierte las notas de trabajo en un expediente pericial auditable.

Cierre operativo del capítulo

El marco procesal no es decoración jurídica: define qué se pregunta, qué se admite, cómo se contradice y cómo se valora. La técnica sólo se vuelve prueba cuando responde a ese marco.

La ciencia pierde pertinencia cuando se presenta desligada de la pregunta procesal. Por ello, el capítulo concluye con una lista de control para abrir el expediente y delimitar desde el inicio objeto, material, método y alcance.

Control de apertura del expediente pericial

Antes de aceptar la comparación, el profesional debe comprobar que el encargo, el material y las condiciones de trabajo permiten un examen defendible. Esta revisión inicial reduce solicitudes ambiguas y evita descubrir al final que faltaba el original, que las muestras no eran atribuibles o que el punto de pericia exigía otra especialidad.

Tabla 5. Verificación inicial del encargo

Control	Pregunta de aceptación	Acción si no se cumple
Objeto	¿La cuestión se expresa en términos técnicos?	Reformular y comunicar alcance
Material cuestionado	¿Está identificado, inventariado y preservado?	Suspender apertura o documentar reserva
Muestras	¿Su origen, fecha y comparabilidad son verificables?	Solicitar material adicional
Competencia	¿El gabinete puede responder con método validado?	Consultar o derivar
Contexto	¿Se separó información necesaria de la sesgante?	Aplicar revelación secuencial
Plazo y recursos	¿Permiten análisis, revisión y reporte completos?	Negociar plazo o rechazar
Resultado permitido	¿La escala incluye indeterminación?	Definir categorías antes de examinar

La aceptación no compromete un resultado. Compromete un procedimiento: registrar, examinar, comparar, evaluar, revisar y comunicar. Cuando una condición crítica no puede corregirse, la negativa motivada o la conclusión limitada son decisiones profesionales legítimas.

Capítulo II

Grafoscopía forense, grafología y criterios de cientificidad

Definición funcional de grafoscopía

La grafoscopía forense se ubica dentro del debate contemporáneo sobre la confiabilidad de las ciencias de comparación. La literatura especializada advierte los riesgos de la individualización retórica; por ello, este manual evita fórmulas de certeza absoluta y privilegia datos observables, hipótesis rivales y comunicación graduada (Cole, 2009; Mnookin et al., 2011; Risinger et al., 2002; Saks & Koehler, 2005).

La grafoscopía forense estudia la escritura y las firmas para valorar autoría, compatibilidad, variabilidad y condiciones de ejecución. Su objeto son los rasgos observables, no los rasgos morales del escribiente.

La cautela metodológica exige no confundir el examen forense con la lectura de personalidad; por ello, la respuesta debe traducirse en una definición operativa para el dictamen.

Diferencia con grafología

La grafología puede tener usos culturales o privados, pero no debe presentarse como método de identificación judicial. El dictamen grafoscópico no diagnostica carácter ni honestidad.

Falsabilidad y revisión

Una afirmación pericial debe poder discutirse. Si otra persona técnica no puede localizar el rasgo, reproducir la comparación o revisar la fotografía, la conclusión es débil.

Una revisión técnica seria no se limita a corregir ortografía o formato. Debe verificar si el material era suficiente, si las hipótesis estaban formuladas, si se consideraron explicaciones alternativas y si la conclusión respeta los límites de la muestra. En documentoscopía y grafoscopía, la revisión independiente permite detectar diferencias omitidas, sobrevaloración de coincidencias, uso de contexto contaminante o lenguaje de certeza excesiva. El control queda incompleto si no se registra quién revisó, cuándo, sobre qué materiales y con qué alcance.

Hipótesis rivales

El examen no se agota en confirmar que dos firmas se parecen. Debe preguntar qué se esperaría si fueran del mismo origen y qué se esperaría si provinieran de origen distinto.

La comunicación de incertidumbre debe permitir que el juez entienda qué apoya la evidencia y qué no puede resolverse. Identificación, probable identificación, indeterminación, probable exclusión y exclusión no son etiquetas decorativas; son grados de apoyo condicionados por muestra, soporte, variabilidad, calidad de imagen y consistencia de los hallazgos. La pericia no decide la carga de la prueba ni la culpabilidad. Su tarea es comunicar fuerza técnica, límites y razones verificables para que la valoración judicial integre el dato sin deformarlo (Found & Rogers, 2008).

Variabilidad natural

Una misma persona no escribe dos veces de modo idéntico. La variación normal por velocidad, postura, instrumento, edad o salud debe separarse de diferencias incompatibles.

La escritura natural combina regularidad y variación. Por eso el cotejo no busca reproducciones idénticas, sino hábitos suficientemente estables dentro de una variabilidad esperable. La imitación servil, la imitación libre y el autodisfraz alteran de manera diferente el equilibrio entre forma, velocidad y automatismo. El perito debe explicar qué rasgos se mantienen, cuáles se apartan y si las diferencias pueden atribuirse al soporte, al instrumento, a la salud, la edad, la postura, la prisa o la vigilancia consciente. Sin esa discusión, la conclusión queda demasiado dependiente de la impresión visual (Huber & Headrick, 1999).

El rango de variación debe estimarse mediante muestras suficientes, atribuibles y temporalmente pertinentes; una sola firma no puede funcionar como patrón absoluto.

Tabla 6. Criterios de suficiencia muestral

Criterio	Pregunta	Indicador
Cantidad	¿Hay repetición suficiente?	Múltiples firmas y textos
Calidad	¿Se observan trazos?	Sin pixelado ni sombras
Temporalidad	¿El periodo es cercano?	Misma etapa vital
Variabilidad	¿Muestra rango natural?	Diferencias internas explicables

Rasgos de clase e individualizantes

Algunas similitudes pertenecen a modelos escolares, formatos de firma o hábitos comunes. Otras combinaciones pueden tener mayor valor si son persistentes y raras dentro de la muestra.

Los rasgos gráficos deben evaluarse en conjunto. Tamaño, inclinación o forma externa pueden orientar, pero rara vez bastan para sostener una conclusión fuerte. El análisis adquiere valor cuando relaciona proporciones internas, ritmo, presión, enlaces, levantamientos, arranques, remates y automatismos con el rango de variabilidad del supuesto autor. Una diferencia aislada puede tener explicación benigna; una convergencia de diferencias persistentes puede apoyar origen distinto. La fuerza está en la coherencia del patrón, no en una coincidencia vistosa.

La comparación debe apoyarse en hipótesis rivales y en la descripción de rasgos. La fuerza de un hallazgo no depende de que parezca llamativo, sino de su persistencia, valor discriminante y relación con la variabilidad natural. Esta forma de razonar evita individualizaciones retóricas y permite que el lector distinga entre parecido de clase, coincidencia relevante y diferencia realmente incompatible.

Error, incertidumbre y límites

La ciencia forense moderna exige hablar de error posible y de límites. Reconocer incertidumbre no debilita el dictamen; lo hace honesto y proporcional.

En el informe escrito, la incertidumbre debe aparecer junto a los hallazgos y no sólo en una nota final. El lector judicial necesita saber si la reserva proviene del soporte, de la muestra, de la pérdida de información o de una diferencia no explicada.

La ciencia forense contemporánea exige reconocer el error posible, los límites del método y la necesidad de un lenguaje graduado. Una conclusión fuerte requiere muestra suficiente y diferencias explicadas; una conclusión limitada también es útil cuando comunica por qué no puede resolverse más. El dictamen serio no elimina la incertidumbre: la organiza y la hace visible.

El método debe evitar prometer infalibilidad. La respuesta proporcional se expresa como lenguaje de confiabilidad.

Frases prohibidas

Las expresiones de certeza absoluta pueden seducir en audiencia pero dañan la calidad pericial. Ningún dictamen serio necesita prometer infalibilidad para ser útil.

Las frases "sin ninguna posibilidad de error", "certeza total" o "es imposible que otra persona" exceden lo que un examen comparativo puede demostrar. Deben sustituirse por una escala definida que exponga la fuerza de apoyo y las condiciones que la limitan.

Las expresiones de imposibilidad total de error deben eliminarse y sustituirse por formulaciones que expongan la fuerza del apoyo y sus límites.

Estándares y buenas prácticas

Los estándares no sustituyen el juicio experto, pero lo encauzan. ASB, OSAC, NIST, ENFSI e ISO/IEC 17025 convergen en documentación, competencia, método, revisión y comunicación clara (International Organization for Standardization, 2017).

Los estándares sólo se convierten en práctica cuando modifican la forma de trabajar. Citar ASB, NISTIR o ENFSI no basta si no se registran condiciones, materiales, método, hallazgos y revisión. La cientificidad operativa aparece cuando un tercero competente puede reconstruir la comparación, discutir sus límites y verificar que la conclusión no excede la evidencia.

Citar un estándar sólo tiene valor cuando sus exigencias se traducen en un procedimiento interno verificable, registros contemporáneos y controles efectivamente aplicados.

Control intersubjetivo

La revisión por otro experto reduce el riesgo de puntos ciegos si se hace sobre materiales, no sobre conclusiones ya cerradas. La revisión debe dejar rastro.

El sesgo contextual no presupone mala fe; surge de procesos cognitivos ordinarios cuando el experto recibe información que orienta expectativas antes de examinar el material. La gestión responsable consiste en filtrar información irrelevante, registrar qué datos se recibieron y aplicar revisión secuencial cuando la complejidad lo justifique. El revisor debe poder examinar materiales y razonamiento, no sólo la conclusión final. Esta práctica protege tanto al perito como al tribunal, porque reduce el riesgo de confirmar narrativas externas al indicio documental.

En la revisión intersubjetiva, el segundo examinador debe poder reconstruir la selección de rasgos y discutir su valor sin depender de la autoridad del primero. La persistencia, rareza relativa y relación con la variabilidad se documentan antes de acordar una conclusión.

La revisión no debe producir consenso por jerarquía. Si los examinadores discrepan, el expediente debe mostrar qué material, observación o criterio explica la diferencia y cómo se resolvió.

Criterios de admisibilidad técnica

Un método admisible debe explicar su fundamento, aplicación, límites y relación con el punto de pericia. La admisibilidad procesal y la confiabilidad técnica se alimentan mutuamente.

La exposición técnica debe incluir fundamento, protocolo, anexos y limitaciones.

Validación operativa del método

Validar un procedimiento no significa proclamar que nunca falla. Significa demostrar, para un uso definido y bajo condiciones especificadas, que el procedimiento es apto para responder la pregunta que se le asigna. En un examen de escritura intervienen el material cuestionado, las muestras conocidas, el protocolo, el instrumental, la competencia del examinador, el ambiente de trabajo y la forma de evaluar los resultados. La validez pertenece al sistema completo y debe analizarse en relación con el tipo de problema, no como una propiedad abstracta de la palabra "grafoscopía".

ANSI/ASB 070-22 establece procedimientos para examinar y comparar elementos manuscritos, incluida la evaluación de suficiencia del material. Su alcance depende de la naturaleza del caso y no sustituye la educación, el entrenamiento ni la experiencia específicos del examinador (AAFS Standards Board, 2022). El estándar aporta una estructura mínima de actuación; la demostración de competencia y la calidad de la aplicación siguen siendo responsabilidades del laboratorio y del profesional.

ENFSI distingue validación y verificación. La validación exige identificar los aspectos críticos, demostrar que métodos, materiales y equipos son aptos, documentar el procedimiento, establecer controles de calidad y someterlo a evaluación independiente. Cuando la validación proviene de otra institución, el laboratorio debe verificar que puede alcanzar resultados comparables en su propio entorno (ENFSI, 2022). Esta diferencia evita citar un método validado sin demostrar que se aplica correctamente en las condiciones reales de trabajo.

Validación orientada al uso previsto

La primera pregunta de una validación no es si el procedimiento "funciona" en términos generales, sino para qué clase de decisiones se pretende utilizar. Un protocolo puede ser adecuado para comparar firmas originales de complejidad media y resultar insuficiente ante copias comprimidas, escritura extremadamente simple, documentos dañados o muestras ejecutadas bajo condiciones médicas no documentadas. Definir el uso previsto obliga a especificar el tipo de material, la pregunta pericial, los resultados permitidos, los criterios de interrupción y las condiciones en las que la opinión debe quedar indeterminada. Sin esa delimitación, la validación se convierte en una afirmación abstracta que no ayuda a resolver un caso concreto.

La aptitud para el propósito se demuestra mediante evidencia acumulada. Debe existir un procedimiento escrito, ejemplos de aplicación, ejercicios con respuesta conocida, criterios para reconocer material no comparable y un registro de las condiciones que afectan el desempeño. También deben identificarse los puntos en los que interviene juicio experto: selección de rasgos, apreciación de variabilidad, valoración de diferencias y asignación del nivel verbal. Estos puntos no desaparecen por estar descritos en un estándar; requieren controles específicos, como notas contemporáneas, matrices comparativas, revisión independiente y formación continua.

ANSI/ASB 070-22 aporta procedimientos para el examen de elementos manuscritos y exige evaluar la suficiencia del material antes de comparar. Esta exigencia tiene una consecuencia práctica: el perito debe poder explicar por qué Q y K contienen cantidad, claridad, complejidad y comparabilidad suficientes. Cuando la respuesta es negativa, el método no debe "compensar" la carencia mediante experiencia subjetiva. La decisión correcta es limitar el alcance, solicitar material adicional o abstenerse de emitir una identificación o exclusión (AAFS Standards Board, 2022).

Verificación local y control de cambios

Un laboratorio o gabinete que adopta un procedimiento validado externamente debe verificarlo en su propio entorno. Esa verificación incluye comprobar que el equipo disponible, la iluminación, los sistemas de captura, la capacitación y el flujo de revisión permiten alcanzar resultados compatibles con los obtenidos durante la validación original. El expediente de verificación debe conservar materiales de prueba, respuestas esperadas, resultados, discrepancias y acciones correctivas. La simple adquisición de un manual, un comparador espectral o un programa informático no demuestra que el sistema local produzca resultados confiables.

Todo cambio relevante exige evaluar su impacto. Sustituir una cámara, modificar la resolución de captura, adoptar una pantalla distinta, cambiar la escala de conclusiones o incorporar un nuevo método de realce puede alterar la forma en que se observan y comunican los rasgos. El control de cambios debe responder tres preguntas: qué se modificó, qué riesgo introduce y qué evidencia demuestra que el procedimiento sigue siendo apto. Los cambios menores pueden documentarse mediante verificación dirigida; los que afectan principios críticos pueden requerir una nueva validación parcial o completa.

Repetibilidad, reproducibilidad y arquitectura del error

La confiabilidad describe la consistencia de los resultados bajo condiciones definidas. La repetibilidad se examina cuando la misma persona aplica el mismo procedimiento en condiciones equivalentes; la reproducibilidad, cuando participan examinadores distintos o cambian ciertas condiciones controladas. La validez, en cambio, se refiere a la capacidad de alcanzar la respuesta correcta para la tarea especificada. Un procedimiento puede ser consistente y, sin embargo, medir de manera inadecuada aquello que pretende evaluar; por ello, la confiabilidad es necesaria, pero no suficiente (Expert Working Group for Human Factors in Handwriting Examination, 2021).

El error puede originarse en múltiples niveles. Hay errores de material —copias degradadas, escasa complejidad, muestras no comparables—; errores de proceso —omisión de diferencias, orden de presentación, documentación incompleta—; errores humanos —fatiga, expectativa, exceso de confianza—; y errores de comunicación —escalas ambiguas, porcentajes improvisados, conclusiones que invaden la decisión jurídica—. Un sistema de calidad no busca ocultarlos, sino hacerlos detectables, analizables y corregibles.

Las tasas obtenidas en estudios de desempeño no deben trasladarse mecánicamente a cualquier examinador ni a cualquier caso. La dificultad depende de la complejidad de la escritura, la presencia de simulación o disfraz, la calidad de reproducción, la cantidad de material y el tipo de conclusión. El dictamen debe informar qué componentes aumentan el riesgo de error en el asunto concreto y qué controles se aplicaron para mitigarlo.

Estudios de desempeño y dificultad del caso

Los estudios de desempeño deben construirse con materiales representativos de la práctica real. Un conjunto formado sólo por firmas claras, originales y complejas sobrestima el rendimiento cuando el trabajo cotidiano incluye rúbricas breves, copias, imágenes de mensajería, escritura disfrazada o muestras escasas. La selección de casos debe cubrir distintos niveles de complejidad, calidad, simulación y disponibilidad muestral. Además de contabilizar respuestas correctas e incorrectas, conviene analizar el uso de categorías indeterminadas, la consistencia entre examinadores y los tipos de material que concentran desacuerdos.

La dificultad no reside únicamente en el parecido entre dos firmas. También depende de cuánto se conoce sobre la variación del escritor, de la calidad del original, de la posibilidad de observar dinámica y de la presencia de explicaciones alternativas. Una firma simple puede ofrecer pocos rasgos discriminantes aunque se conserve perfectamente; una firma compleja en una copia degradada puede perder precisamente los detalles que le daban valor.

Por ello, la tasa de error de un estudio no debe aplicarse mecánicamente a cualquier asunto: el dictamen debe describir los factores de dificultad presentes en el caso y los controles usados para afrontarlos.

La repetibilidad puede explorarse presentando al mismo examinador materiales previamente evaluados después de un intervalo suficiente y sin indicarle la respuesta anterior. La reproducibilidad requiere examinadores diferentes, instrucciones equivalentes y una escala común. Si las conclusiones divergen, el análisis no termina con el recuento del desacuerdo. Debe identificarse si la diferencia surgió al admitir la muestra, seleccionar rasgos, interpretar variabilidad, ponderar indicios o traducir la evaluación a una categoría verbal. Esa localización convierte el error en información para mejorar el procedimiento.

Errores, inconclusiones y acciones correctivas

Una respuesta indeterminada no es necesariamente un error. Puede representar el uso correcto de una categoría cuando la evidencia no discrimina entre hipótesis. Sin embargo, una tasa excesiva de inconclusiones también puede revelar falta de entrenamiento, criterios poco claros o una escala que favorece la evasión. La evaluación de desempeño debe distinguir entre inconclusión apropiada, inconclusión evitable, identificación errónea y exclusión errónea. Cada clase exige acciones distintas y tiene consecuencias probatorias diferentes.

Las acciones correctivas deben dirigirse a la causa, no sólo al resultado. Si el problema fue una copia de baja calidad, la medida puede consistir en fortalecer los criterios de aceptación y solicitud de originales. Si fue selección sesgada de coincidencias, conviene introducir preanálisis aislado y matrices que obliguen a registrar hallazgos adversos. Si surgió de una escala verbal ambigua, se requieren definiciones operativas y ejercicios de calibración entre examinadores. El objetivo no es producir unanimidad artificial, sino hacer explícitos los criterios de decisión y reducir variaciones no justificadas.

Revisión independiente, competencia y pruebas de aptitud

La revisión independiente es un control científico, no una ceremonia administrativa. Debe permitir que otro examinador competente localice los rasgos relevantes, examine las diferencias, evalúe la suficiencia de las muestras y compruebe la correspondencia entre hallazgos y conclusión. Cuando el revisor conoce de antemano el resultado, existe riesgo de conformidad; por ello, en casos complejos conviene diferir la conclusión inicial y revisar primero los materiales y las notas de observación.

ENFSI recomienda que los hallazgos críticos y técnicos sean objeto de revisión y que quede registro de quién revisó, cuándo, con qué materiales y con qué resultado (ENFSI, 2022). Si existe desacuerdo, éste debe documentarse. La discrepancia puede revelar diferencias de insumos, criterios o ponderación; ocultarla priva al tribunal de información relevante sobre la incertidumbre.

La competencia profesional combina formación, entrenamiento supervisado, evaluación práctica, actualización y participación en pruebas de aptitud. Un currículo o un certificado describen antecedentes, pero no sustituyen la evidencia de desempeño. El expediente de calidad debe conservar resultados de ejercicios, acciones correctivas, revisiones y formación continua. En la práctica privada individual, donde no existe una estructura de laboratorio, estos controles deben diseñarse expresamente y no quedar librados a la memoria del perito.

Modalidades de revisión y riesgo de conformidad

La revisión puede adoptar distintos niveles. Una verificación de hallazgos críticos comprueba observaciones que sustentan la conclusión; una revisión técnica evalúa suficiencia, método, interpretación y correspondencia entre datos y opinión; una revisión administrativa controla identidad del asunto, firmas, anexos y forma de reporte. Confundir estos niveles genera una falsa sensación de seguridad. Un documento puede estar impecablemente paginado y, sin embargo, contener una comparación sesgada o una conclusión que excede la muestra.

Cuando el revisor recibe primero la conclusión, puede producirse conformidad involuntaria. En asuntos complejos es preferible que examine inicialmente Q, K, inventario y notas descriptivas sin conocer el nivel propuesto. Después puede abrirse el análisis del primer perito y discutirse la ponderación. Esta secuencia no elimina el juicio experto, pero reduce el riesgo de que la revisión se limite a confirmar una narrativa ya construida. El procedimiento y cualquier desviación deben quedar registrados.

El desacuerdo entre peritos no debe resolverse por jerarquía. Puede provenir de materiales distintos, de criterios de admisión diferentes, de observaciones omitidas o de una distinta interpretación de la escala verbal. El expediente debe conservar las posiciones iniciales, la evidencia discutida y el fundamento del resultado final. Si la discrepancia afecta un hallazgo crítico y no puede resolverse, puede requerirse un tercer examen o una conclusión más prudente. Borrar el disenso del archivo impide auditar cómo se alcanzó el consenso.

Competencia demostrada y mantenimiento

La competencia se demuestra mediante desempeño sostenido, no sólo mediante títulos. Un programa serio integra conocimientos de escritura, documentoscopía, fotografía, factores humanos, razonamiento probatorio y comunicación judicial; prácticas supervisadas; ejercicios con verdad conocida; evaluación de informes; y observación de testimonio. También debe establecer qué tareas puede realizar el profesional de forma autónoma y cuáles requieren supervisión, consulta o derivación.

El mantenimiento de la competencia exige actualización, revisión de literatura, ejercicios periódicos y análisis de errores propios. Las pruebas de aptitud externas ofrecen una referencia valiosa, pero no sustituyen controles internos frecuentes ni cubren todas las clases de caso. Un profesional que trabaja de manera independiente puede crear un sistema equivalente mediante pares externos, archivos de ejercicios, revisión cruzada y documentación de capacitación. La transparencia sobre estas prácticas fortalece la credibilidad más que una afirmación genérica de experiencia.

Gestión del contexto y cultura de calidad

El sesgo contextual no presupone mala fe. Puede surgir cuando información irrelevante modifica la atención, la selección de rasgos o la interpretación. La gestión del contexto consiste en identificar qué datos son necesarios para la tarea, retrasar los que no lo son y documentar el momento en que se incorporan. Fecha del documento, tipo de escritura, originalidad y fuente de las muestras pueden ser indispensables; confesiones, antecedentes o expectativas de parte suelen ser ajenos al cotejo.

La calidad también depende de condiciones ordinarias: iluminación adecuada, equipo mantenido, pantallas calibradas, pausas en tareas extensas, procedimientos escritos y un archivo de trabajo completo. NISTIR 8282R1 plantea una perspectiva sistémica precisamente porque el resultado no depende sólo del talento individual. El objetivo es construir barreras sucesivas: aceptación del caso, suficiencia, análisis, comparación, evaluación, revisión, informe y seguimiento de errores.

Tabla 7. Validación y control científico del procedimiento

Componente	Pregunta de control	Evidencia mínima
Requisito	¿Qué problema técnico debe resolver el procedimiento?	Punto de pericia y alcance definidos
Aptitud	¿El método es adecuado para el material disponible?	Protocolo, limitaciones y criterios de aceptación
Desempeño	¿Qué se conoce sobre consistencia y error?	Validación, ejercicios y datos de competencia
Aplicación	¿Se siguió el procedimiento en este caso?	Notas, imágenes, parámetros y decisiones
Revisión	¿Otro experto puede verificar los hallazgos?	Registro de revisión y tratamiento de discrepancias
Corrección	¿Cómo se gestionan desviaciones o errores?	Acción correctiva y documentación de aprendizaje

Información relevante para la tarea y revelación secuencial

La gestión del contexto comienza al definir la proposición que se examina. Para comparar firmas suelen ser pertinentes la identidad atribuida de las muestras, su fecha, el tipo de escritura, la originalidad del soporte y las condiciones de obtención. En cambio, la confesión de una persona, sus antecedentes, el monto del litigio, la opinión de otro perito o la expectativa de quien contrata rara vez ayudan a identificar rasgos gráficos. La frontera depende del caso, pero debe decidirse antes del examen y no después de conocer el resultado.

La revelación secuencial permite incorporar información en el momento en que se vuelve necesaria. Primero se registra Q sin consultar K; luego se analiza K sin leer conclusiones ajenas; después se realiza la comparación; finalmente se abre contexto adicional sólo si ayuda a evaluar una explicación específica. La bitácora debe indicar qué se reveló, cuándo y por qué. Esta disciplina reduce sesgo, pero también mejora la defensa oral: el perito puede mostrar que su interpretación no se construyó alrededor de una teoría de parte.

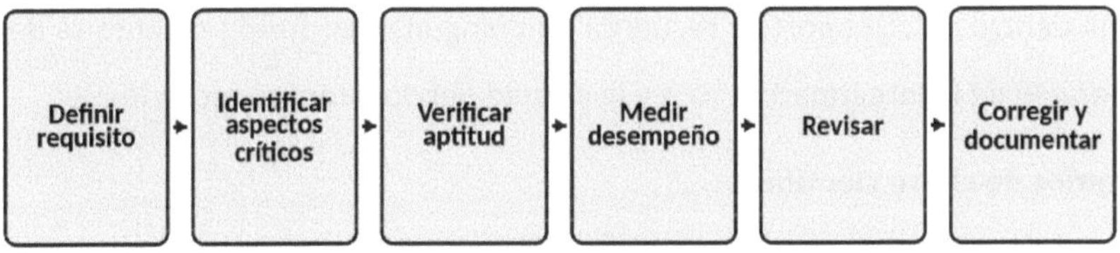

Figura 3. Ciclo de validación, verificación y mejora del procedimiento. Fuente: elaboración propia.

La cultura de calidad se reconoce en decisiones cotidianas: detener un examen cuando la imagen es insuficiente; repetir una captura defectuosa; pedir ayuda ante una escritura desconocida; conservar notas adversas; admitir una discrepancia; y corregir un informe mediante adenda trazable. Ningún procedimiento evita por completo el error. Lo que distingue a un sistema maduro es su capacidad para detectar señales tempranas, aprender de ellas y comunicar con honestidad los límites que sobreviven.

Tabla 8. Fuentes de error y medidas de mitigación

Fuente de Riesgo	Manifestación posible	Medida de mitigación
Material	Copia degradada, escasa complejidad o falta de comparabilidad	Solicitar original, ampliar muestras o limitar la conclusión
Proceso	Selección sesgada de rasgos u omisión de diferencias	Hipótesis rivales, notas estructuradas y matriz comparativa
Contexto	Expectativas de parte o conocimiento de conclusiones ajenas	Filtrado, secuencia de información y registro de exposición
Persona	Fatiga, exceso de confianza o variabilidad de criterio	Pausas, revisión independiente y pruebas de aptitud
Comunicación	Absolutismo, escala ambigua o salto jurídico	Definiciones previas, límites explícitos y lenguaje de apoyo

Cierre de cientificidad

La grafoscopía gana fuerza cuando renuncia a la omnisciencia. Su aporte real consiste en ordenar evidencia gráfica bajo criterios explícitos y comunicar lo que apoya, lo que contradice y lo que no puede saberse.

Con esa base, el manual puede pasar del debate científico al objeto material. La pregunta ya no es sólo si la grafoscopía posee criterios de control, sino cómo se aplican esos criterios cuando el documento llega al gabinete como original, copia, archivo digital, fotografía o versión parcial. El siguiente capítulo coloca la firma dentro de su soporte y recuerda que ninguna conclusión de autoría debe separarse de la integridad, la ruta y la calidad del documento recibido.

Criterios de cierre científico

El capítulo concluye cuando la cientificidad se expresa en controles observables y no en referencias nominales. La lista siguiente resume los mínimos que deben estar presentes antes de trasladar el método al examen material del documento.

Tabla 9. Preguntas de control científico

Dimensión	Pregunta de cierre	Evidencia esperada
Propósito	¿El uso previsto y los límites están definidos?	Procedimiento y criterios de interrupción
Desempeño	¿Se conocen dificultad, errores e inconclusiones?	Ejercicios, pruebas y acciones correctivas
Competencia	¿La persona está autorizada para esa tarea?	Formación, práctica y mantenimiento
Revisión	¿Otro profesional puede localizar y discutir los hallazgos?	Notas, matriz y registro de discrepancias
Contexto	¿La información se reveló según relevancia?	Bitácora de acceso y control de sesgo
Comunicación	¿La escala expresa fuerza y no certeza jurídica?	Definiciones y ejemplos de redacción

Capítulo III

El documento cuestionado como indicio material, jurídico y contextual

Documento como objeto material

Cumplidos los controles científicos, el análisis vuelve al objeto para determinar qué propiedades conserva, qué transformaciones ha sufrido y qué inferencias son posibles según se trate de un original, una copia, una imagen o un archivo fuente. Torres Medina ilustra el riesgo de trabajar con copias sin origen; Ramírez Villanueva muestra que una alteración material puede existir aunque la autoría gráfica constituya una pregunta distinta.

El documento cuestionado conserva papel, tinta, dobleces, cortes, manchas, impresiones y marcas de manipulación. Su materialidad puede responder preguntas que la firma sola no resuelve.

Antes de comparar escritura, se inspeccionan soporte, impresión, zonas manuscritas y posibles alteraciones visibles. Esta secuencia impide separar la firma del objeto que la contiene.

Figura 4. Autopsia documental por capas. Fuente: elaboración propia.

Original, copia y PDF

Cada formato preserva información distinta. Un original puede mostrar presión y secuencia; una copia puede conservar forma; un PDF puede añadir o perder metadatos.

El análisis de documentos digitales exige distinguir tres planos: la representación visible, el archivo que la contiene y el acto documental que se pretende probar. Un PDF puede conservar distribución, texto, metadatos o firmas electrónicas, pero también puede ocultar edición, compresión, reescalamiento y pérdida de detalle. Por ello, el dictamen debe indicar si se examinó un archivo fuente, una exportación, una fotografía o una copia derivada. La firma electrónica avanzada se valora por certificados y mecanismos criptográficos; la firma manuscrita, por hábitos gráficos observables. Son problemas técnicos distintos.

Tabla 10. Valor técnico de original, copia certificada, copia simple y PDF

Formato	Puede aportar	No permite por sí solo
Original	Presión, tinta, soporte, secuencia visible	Fechar tinta sin técnica específica
Copia certificada	Correspondencia administrativa	Relieve o presión real
Copia simple	Morfología general	Secuencia de trazos
PDF	Distribución y metadatos disponibles	Rasgos perdidos por compresión

Capas de autopsia documental

La lectura por capas evita saltos inferenciales. Primero se describe lo físico; después lo gráfico; luego lo instrumental, temporal, contextual y jurídico.

Integridad y completitud

Un documento puede ser auténticamente firmado y incluso así estar incompleto o alterado. La autoría de firma no resuelve por sí sola la integridad del texto.

Una firma atribuible no demuestra que el documento estuviera completo al momento de suscribirse. El dictamen debe responder por separado autoría gráfica, integridad y alcance temporal.

Temporalidad y secuencia

La pregunta temporal puede referirse a si una firma precede a texto, si hubo llenado posterior o si una hoja se integró después. Muchas veces requiere instrumental especializado.

La redacción pericial debe privilegiar frases verificables sobre adornos retóricos. Un lector técnico debe poder identificar objeto, método, hallazgo y límite sin reconstruir la intención del autor.

Documentos digitales

Los archivos digitales añaden metadatos, firmas electrónicas y rutas de almacenamiento, pero también introducen edición invisible, compresión y pérdida de resolución.

La firma electrónica avanzada responde a lógica criptográfica y certificados; la firma manuscrita responde a hábitos gráficos. Mezclar ambos problemas produce conclusiones impropias.

Tabla 11. Metadatos y límites en documentos digitales

Dato	Utilidad	Cautela
Fecha de creación	Ordena hipótesis temporal	Puede modificarse
Autor del archivo	Orienta origen	No prueba autoría material
Resolución	Define calidad de examen	No sustituye original
Firma electrónica	Vincula certificado	No equivale a cotejo manuscrito

Firma electrónica y firma manuscrita

La firma electrónica avanzada descansa en certificados y mecanismos criptográficos; la manuscrita en hábitos gráficos. Son problemas probatorios distintos.

Cuando el soporte recibido es una imagen o un PDF, la pregunta principal no es sólo qué se ve, sino qué información dejó de conservarse. La compresión puede engrosar trazos, suavizar bordes, borrar microinterrupciones o simular temblores. La pérdida de resolución afecta la lectura de arranques, remates, presión aparente y continuidad. En esos casos, el perito debe expresar que la evaluación queda limitada a rasgos visibles de morfología y distribución, sin inferir presión, secuencia o materialidad como si estuviera ante el original.

El punto de pericia debe distinguir si la cuestión se refiere al certificado, la voluntad, el archivo o la escritura.

La validez de una firma electrónica avanzada no puede resolverse mediante cotejo grafoscópico; su examen corresponde a la informática forense.

Pérdida de información por compresión

El escaneo automático puede suavizar bordes, borrar microinterrupciones, engrosar trazos o crear artefactos. La calidad de imagen es parte del resultado.

La copia certificada puede tener valor administrativo, pero no recupera relieve ni presión. El perito debe distinguir valor procesal de valor técnico-material.

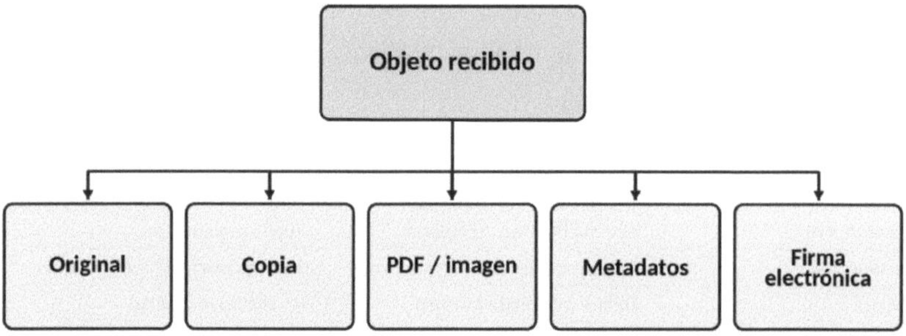

Figura 5. Árbol de decisión para original, copia, archivo digital y firma electrónica. Fuente: elaboración propia.

Ruta de aportación

La ruta de aportación cuenta quién tuvo el documento, cuándo se exhibió y qué versiones existieron. Esa ruta no prueba alteración, pero define riesgo y alcance.

La cronología debe seguir el documento desde la fuente primaria hasta su recepción pericial, identificando transferencias, versiones intermedias y pérdidas de información.

Caso de capas superpuestas

Un recibo fue aportado como fotografía; después apareció copia certificada y finalmente el original. Cada versión mostró diferencias de encuadre y nitidez.

Las conclusiones no deben basarse en la primera fotografía cuando existen versiones posteriores de mayor calidad. La aparición del original exige un dictamen complementario que compare las versiones.

Documentos seriados y formularios

Formatos bancarios, pagarés, recibos y contratos seriados tienen campos preimpresos y áreas manuscritas. El análisis debe separar plantilla, impresión y llenado.

Contexto sin contaminación

El perito necesita contexto técnico: objeto, pregunta, fecha, muestras, cadena. No necesita saber culpabilidad esperada ni presiones de parte.

La información contextual debe clasificarse antes del examen. Fecha, tipo de documento, originalidad y cadena pueden ser necesarios; rumores, antecedentes o expectativas de resultado suelen ser contaminantes.

El expediente contextual debe contener sólo información necesaria para la tarea y registrar aquello que se difirió o excluyó por su capacidad de orientar indebidamente la interpretación.

Cierre del documento cuestionado

El documento es evidencia material, jurídica y contextual a la vez. La técnica madura consiste en no reducirlo a una firma aislada ni convertirlo en una historia no probada.

La consecuencia práctica es directa: antes de comparar firmas, el perito debe saber qué tipo de objeto tiene entre las manos. La materialidad del soporte, la calidad de la reproducción y la ruta de aportación condicionan la lectura de los rasgos. Por ello, el paso siguiente del manual entra al cotejo grafoscópico con una advertencia ya asentada: sólo se compara responsablemente aquello que fue admitido, descrito y limitado con suficiente claridad.

Capítulo IV

Cotejo grafoscópico, muestras y conclusiones graduadas

Admisión de muestras

Conforme a ANSI/ASB 070-22, el cotejo sólo es defendible cuando el material cuestionado y las muestras conocidas permiten una comparación relevante. Si la muestra no conserva claridad, cantidad o contemporaneidad suficientes, la conclusión correcta no es una identificación débil, sino una limitación expresa o una respuesta indeterminada (AAFS Standards Board, 2022).

La muestra de comparación no es un simple volumen documental: es la base empírica que permite estimar variabilidad natural. Debe registrarse su origen, fecha, espontaneidad, soporte, instrumento y condiciones de obtención. Una muestra abundante pero no atribuible puede ser menos útil que una muestra menor, contemporánea y trazable. El criterio técnico consiste en decidir si los rasgos comparados pertenecen al mismo tipo de escritura y si permiten distinguir hábito gráfico, variación ordinaria, vigilancia, deterioro de imagen o imitación. Cuando esta base falla, la conclusión debe reducirse sin compensar la debilidad con lenguaje enfático.

El cotejo empieza antes de comparar: comienza al decidir si las muestras son aptas. Identidad, contemporaneidad, espontaneidad, cantidad y calidad deben registrarse.

Tabla 12. Tipos de muestras gráficas y utilidad comparativa

Tipo	Ventaja	Limitación
Espontánea	Representa hábito natural	Puede no ser contemporánea
Solicitada	Controla condiciones	Puede inducir vigilancia
Transcrita	Mismo texto o forma	Riesgo de imitación consciente
Histórica	Amplía variabilidad	Requiere autenticidad

Muestras espontáneas

Las muestras espontáneas reflejan hábitos de escritura menos vigilados. Su valor crece cuando se prueba su origen y se ubican en periodo cercano al documento cuestionado.

En grafoscopía, la suficiencia no se mide sólo por cantidad. También importan la comparabilidad del texto, la contemporaneidad, la calidad de reproducción, la condición del soporte y la presencia de firmas o escritos ejecutados en contextos ordinarios. El perito debe explicar por qué una muestra es apta, limitada o insuficiente, porque esa decisión condiciona todo el dictamen. Si el material disponible no permite observar ritmo, presión, enlaces o proporciones internas, la respuesta adecuada no es forzar identificación, sino comunicar el límite y solicitar mejor material cuando sea posible.

Figura 6. Protocolo de admisión de muestras de comparación. Fuente: elaboración propia.

Muestras solicitadas

Las muestras solicitadas permiten controlar texto, instrumento y condiciones, pero pueden generar escritura vigilada. Deben tomarse sin mostrar excesivamente el modelo cuestionado.

Las muestras espontáneas suelen reflejar hábitos menos vigilados, pero deben probar procedencia y fecha. Sin autenticidad de origen, su valor comparativo disminuye.

Muestras transcritas

La transcripción puede ayudar cuando el texto cuestionado tiene formas particulares. Su peligro es convertir el acto de escritura en prueba de memoria o imitación.

Las muestras solicitadas permiten controlar texto e instrumento, aunque pueden generar escritura vigilada. Deben tomarse sin inducir imitación del documento cuestionado.

La aptitud de la muestra decide el alcance de todo el cotejo. Deben registrarse origen, fecha, espontaneidad, calidad, soporte e identidad de quien produjo el escrito. Las muestras solicitadas ayudan a controlar condiciones, pero pueden generar escritura vigilada; las espontáneas reflejan hábito, pero exigen atribución confiable. La conclusión sólo puede ser tan fuerte como la base comparativa que la sostiene.

Las repeticiones deben ser suficientes para observar variación, pero las instrucciones no deben presionar al escritor a reproducir una forma exacta ni convertir la muestra en ejercicio de imitación.

Rasgos generales

Los rasgos generales ubican tamaño, inclinación, dirección, proporción, velocidad aparente y distribución. Sirven como mapa, no como conclusión final.

Los rasgos generales sirven para orientar la búsqueda, no para cerrarla. Tamaño, inclinación y distribución deben leerse como tendencias sometidas a variación por postura, soporte, instrumento y espacio disponible.

Rasgos particulares

Los rasgos particulares adquieren fuerza por combinación: arranques, remates, enlaces, deformaciones estables, interrupciones, automatismos y proporciones internas.

Los rasgos particulares ganan fuerza cuando aparecen de manera persistente en muestras independientes. Arranques, remates, enlaces y deformaciones estables deben describirse por ubicación, frecuencia y variación.

La matriz comparativa debe incluir coincidencias, diferencias y rasgos no evaluables. Seleccionar únicamente los detalles más vistosos produce una representación sesgada del conjunto.

Tabla 13. Matriz de rasgos particulares en cotejo grafoscópico

Rasgo	Dato observable	Valor
Proporción	Alturas relativas y zonas	Consistencia del hábito
Ritmo	Continuidad y velocidad aparente	Espontaneidad

Rasgo	Dato observable	Valor
Presión	Intensidad y modulación	Dinámica
Enlaces	Uniones y levantamientos	Automatismo
Dirección	Línea base y orientación	Control motor

Ritmo y velocidad

El ritmo muestra continuidad motriz. Una firma fluida suele presentar enlaces naturales, presión modulada y remates coherentes; la ejecución lenta puede mostrar vigilancia.

La similitud morfológica aislada debe tratarse como dato inicial. Un contorno parecido puede aparecer por modelo escolar, apellido, formato bancario, imitación o coincidencia gráfica.

Figura 7. Matriz de rasgos grafoscópicos de valoración conjunta. Fuente: elaboración propia.

Presión e instrumento

La presión visible depende del soporte, instrumento, escaneo y estado del documento. En copia plana, la presión real no puede evaluarse con seguridad.

El ritmo permite valorar continuidad motriz, pero no debe aislarse de presión, levantamientos y soporte. Una interrupción puede deberse a vigilancia, fatiga, instrumento defectuoso o condición material.

El análisis debe integrar dinámica y forma. Inclinación, proporción o tamaño sirven como mapa inicial; ritmo, enlaces, arranques, remates, presión aparente y automatismos permiten discutir ejecución. Ningún rasgo aislado basta. La valoración se fortalece cuando explica qué diferencias caen dentro de la variabilidad natural y cuáles persisten sin explicación técnica suficiente.

En un PDF degradado sólo puede describirse intensidad aparente; cualquier inferencia sobre presión real debe excluirse y consignarse como limitación del soporte.

Inclinación, dirección y proporción

La inclinación y la dirección pueden variar por postura o espacio disponible. Su valor aumenta cuando se combinan con proporciones internas persistentes.

La inclinación y la dirección dependen de postura, superficie y espacio; las proporciones internas suelen ser más resistentes, pero tampoco se interpretan solas. El valor aparece cuando varias tendencias convergen dentro del rango conocido.

Una inclinación aislada no identifica. Su valor surge al comparar tendencias dentro de una serie y relacionarlas con proporciones internas, postura, espacio e instrumento.

Enlaces y levantamientos

Los enlaces revelan decisiones motrices automatizadas. Los levantamientos no explicados pueden sugerir copia, pausa, retoque o condición material.

La presión sólo puede interpretarse con prudencia. En una copia plana o un PDF degradado, el perito puede describir intensidad aparente, pero no afirmar presión real sin soporte adecuado.

Un levantamiento no equivale por sí mismo a falsificación. Debe localizarse, compararse con el rango conocido y valorarse junto con continuidad, ritmo, soporte y posibles fallas del instrumento.

Espontaneidad y automatismos

La escritura natural contiene variación y regularidad a la vez. El automatismo se observa en la facilidad con que una forma aparece sin corrección consciente.

Los indicadores no espontáneos deben evaluarse en conjunto. Temblor, retoque, lentitud o presión irregular pueden ser señales de vigilancia, pero también de fatiga, enfermedad o soporte deficiente.

Variabilidad natural

El perito debe explicar por qué ciertas diferencias entran en el rango esperado y por qué otras no. La variabilidad se estima desde muestras indubitadas, no desde intuición.

La imitación servil suele privilegiar contorno y sacrificar ritmo. Por ello se revisan pausas, rigidez, correcciones y pérdida de automatismos de baja atención.

La firma cuestionada se contrasta contra el rango interno de la serie indubitada, no contra un ejemplar elegido como modelo ideal. Así se distinguen diferencias ordinarias de divergencias persistentes.

Similitud morfológica aislada

Dos firmas pueden parecerse porque comparten modelo escolar, apellido, formato bancario o imitación visual. La forma visible sólo es el inicio.

Inclinación, dirección y proporción son útiles cuando se comparan dentro de una serie suficiente. Una diferencia aislada no excluye por sí misma, y una coincidencia aislada no identifica.

Indicadores no espontáneos

Temblor, retoque, presión irregular y lentitud son señales que exigen explicación. No son prueba automática de falsificación, porque también pueden originarse en salud, soporte o instrumento.

La hipótesis de imitación se examina por pérdida de fluidez, pausas, retoques, rigidez de contorno y sacrificio de automatismos. Aun así, esos indicadores no son equivalentes a falsificación automática: pueden aparecer por salud, edad, fatiga, soporte o instrumento. El perito debe comparar el conjunto contra muestras indubitadas y comunicar si los hallazgos apoyan origen común, origen alterno o indeterminación.

Tabla 14. Indicadores de ejecución no espontánea

Indicador	Posible lectura	Advertencia
Temblor lento	Vigilancia o imitación	No basta aislado

Indicador	Posible lectura	Advertencia
Retoque	Corrección consciente	Distinguir de pluma fallida
Levantamientos	Pérdida de fluidez	Evaluar soporte
Presión irregular	Control forzado	Puede ser enfermedad o fatiga

Imitación servil

La imitación servil busca copiar forma externa y suele sacrificar ritmo. Puede mostrar pausas, correcciones, proporciones rígidas y pérdida de automatismos.

Enlaces y levantamientos muestran decisiones motrices automatizadas. Su valor aumenta cuando se relacionan con puntos de inicio, reinicio, continuidad y velocidad aparente.

En la imitación servil, la atención suele concentrarse en reproducir el contorno. El examen busca si esa vigilancia altera continuidad, enlaces, presión, cambios de dirección y remates; la convergencia de varios indicadores es más informativa que uno aislado.

Imitación libre

La imitación libre no replica cada forma; adopta rasgos generales y deja divergencias particulares. Puede ser más difícil cuando el imitador conoce al firmante.

La imitación libre puede conservar rasgos generales y fallar en detalles menos visibles. El análisis debe buscar proporciones internas, enlaces y hábitos de ejecución no conscientes.

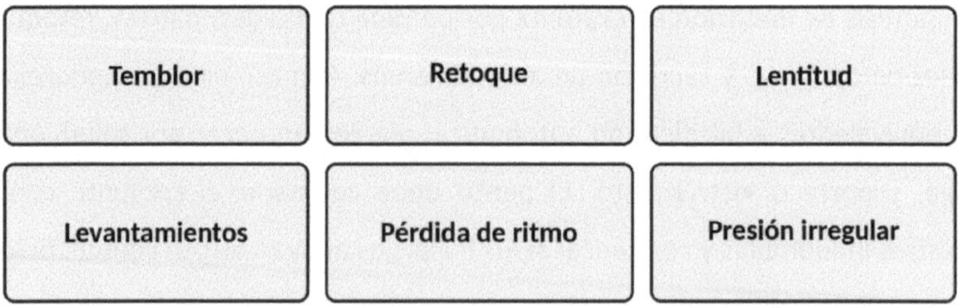

Figura 8. Indicadores de ejecución no espontánea. Fuente: elaboración propia.

Autodisfraz

El firmante puede modificar su propia escritura para negar autoría. El autodisfraz suele alterar rasgos visibles y conservar hábitos profundos de movimiento.

El autodisfraz modifica lo aparente y suele conservar decisiones motrices profundas. Excluir sólo por diferencias superficiales puede llevar a un error de interpretación.

Caso integral: Hernández vs. Constructora del Norte

El caso siguiente es ficticio y se presenta únicamente con fines docentes. Su propósito es mostrar cómo se enlazan recepción, suficiencia muestral, hipótesis rivales, análisis de rasgos, evaluación y redacción pericial. Los códigos Q, K, D y A permiten mantener la trazabilidad sin utilizar datos personales reales.

1. Encargo y material recibido

En una controversia mercantil derivada de un contrato de obra, la parte demandada negó haber estampado la firma atribuida en la última hoja. El punto de pericia se reformuló en términos observables: determinar el grado de apoyo que los rasgos gráficos de la firma Q1 brindan a la hipótesis de origen común con las firmas conocidas K1–K15 frente a la hipótesis de origen alternativo. Se excluyeron de manera expresa la validez del contrato, la intención de las partes, el supuesto fraude y la fecha absoluta de la tinta.

Se recibió el contrato original D1 en sobre sellado, una copia certificada D2, doce firmas bancarias K1–K12 y tres recibos contemporáneos K13–K15. El perito fotografió el embalaje, verificó folios, describió dobleces y manchas, asignó códigos estables y registró la devolución prevista. La copia D2 se conservó como referencia administrativa, pero el examen material y la lectura de presión se limitaron al original D1.

La aceptación del asunto se documentó antes de abrir el sobre. Se comprobó que la pregunta era técnicamente contestable, que existía autorización para manipular D1 y que el plazo permitía una evaluación completa. El solicitante fue informado de que la disponibilidad del original no garantizaba una conclusión de autoría y de que el dictamen podría terminar en indeterminación si las muestras no representaban adecuadamente la variabilidad. Esta advertencia inicial evitó crear expectativas incompatibles con el método.

El inventario distinguió cada objeto por naturaleza y función. D1 era el soporte material sometido a controversia; D2, una reproducción administrativa; K1–K15, fuentes de comparación; F1–F8, archivos fotográficos; y N1–N6, notas de examen. La clasificación evitó utilizar indistintamente "documento", "muestra" e "imagen". También permitió registrar que una misma firma podía aparecer en dos representaciones, sin contarla dos veces como evidencia independiente.

Durante la inspección inicial se describieron dimensiones, número de hojas, tipo aparente de papel, sistemas de impresión, perforaciones, dobleces y continuidad del texto. La firma Q1 se localizó en una zona sin intersección con impresión ni sello, por lo que no existía un cruce útil para estudiar secuencia. Esta ausencia se asentó expresamente: no observar un cruce no significa que impresión y firma sean contemporáneas; sólo significa que el documento no ofrece ese punto particular de análisis.

2. Clasificación y suficiencia de las muestras

La suficiencia no se decidió por el número total de firmas, sino por su capacidad para representar el rango de variación del supuesto autor. K1–K12 provenían de operaciones bancarias fechadas entre seis meses antes y nueve meses después del contrato; K13–K15 correspondían a recibos firmados en circunstancias ordinarias. Se verificó que todas fueran atribuibles, legibles y comparables con Q1. Dos firmas bancarias demasiado reducidas se conservaron en el inventario, pero recibieron menor peso por su simplificación.

Las muestras se agruparon por fecha, tamaño y contexto de ejecución. La serie mostró variación en inclinación y extensión del remate, pero conservó una construcción estable en el arranque, el enlace central y la proporción entre zona inicial y terminal. Esta observación preliminar impidió tratar una sola firma como patrón rígido y permitió distinguir variación natural de diferencias potencialmente incompatibles.

La atribución de K1–K12 se apoyó en registros bancarios y en la trazabilidad de las solicitudes originales. K13–K15 fueron recibos conservados por terceros y se acompañaron de información sobre fecha y procedencia. Las quince piezas se clasificaron inicialmente, pero sólo trece se consideraron plenamente útiles. K4 presentaba una reproducción de segunda generación y K11 estaba parcialmente cubierta por un sello; ambas se mantuvieron visibles en el expediente para evitar selección silenciosa, aunque no sustentaron rasgos finos.

La contemporaneidad se examinó como un continuo y no como una fecha rígida. La mayoría de las muestras se ubicó dentro de dieciocho meses alrededor de D1. Dos piezas más antiguas ayudaron a identificar hábitos persistentes, pero no se usaron para descartar variaciones recientes. No existía información sobre lesión, enfermedad neurológica o cambio de mano dominante. En consecuencia, el informe señaló que el rango conocido representaba condiciones ordinarias documentadas, no todas las condiciones posibles de ejecución.

La comparabilidad se evaluó por tipo de producto gráfico. Q1 era una firma abreviada; por ello, los textos manuscritos extensos sólo se utilizaron para estudiar determinados movimientos y proporciones, no como sustitutos directos de firmas. Las firmas bancarias aportaron mayor correspondencia formal, mientras que los recibos mostraron ejecución menos vigilada. La combinación permitió observar tanto consistencia estructural como flexibilidad del hábito.

La decisión de suficiencia se documentó mediante criterios separados: identidad de origen, cantidad efectiva, calidad, contemporaneidad, complejidad y variación. Ningún criterio aislado determinó el resultado. La serie se consideró suficiente con reservas porque representaba variantes de tamaño y presión, pero ofrecía pocos ejemplos de ejecución apresurada. Esa reserva se trasladó más tarde a la evaluación de las pausas de Q1.

3. Formulación de hipótesis rivales

H1 estableció que Q1 fue ejecutada por la misma persona que produjo K1–K15. H2 estableció que Q1 fue ejecutada por otra persona, con posibilidad de imitación visual. Las hipótesis se formularon antes de la comparación final para evitar evaluar la firma únicamente contra la sospecha de la parte. Bajo H1 se esperaba observar rasgos estructurales y dinámicos dentro del rango conocido; bajo H2 podían esperarse semejanzas de contorno, pero también pérdidas de ritmo, enlaces menos automatizados o proporciones rígidas.

Las proposiciones se formularon al mismo nivel y de manera mutuamente excluyente para el rasgo de autoría: H1 sostenía origen común; H2, origen distinto. No se comparó H1 contra la afirmación vaga "la firma es falsa", porque esa frase mezcla autoría, intención, validez y posible delito. Tampoco se incluyó la probabilidad previa de que la parte demandada tuviera motivos para negar el contrato. Esos elementos pertenecen a la valoración integral del expediente, no al examen de los rasgos gráficos.

Antes de comparar se anotaron expectativas. Bajo H1 podían esperarse coincidencias en construcción, secuencia de movimientos, relaciones proporcionales y automatismos, junto con diferencias compatibles con variación natural. Bajo H2 con imitación podían aparecer semejanzas visibles de contorno y, al mismo tiempo, pérdida de fluidez, pausas, correcciones o simplificaciones en detalles de baja atención. Bajo H2 sin imitación podían esperarse diferencias más amplias, aunque el parecido casual no era imposible en una rúbrica sencilla.

La utilidad de las hipótesis no depende de convertir cada rasgo en un número. Su función es impedir una búsqueda unilateral de coincidencias. Por cada observación se preguntó si resultaba discriminante, si podía ser explicada por el soporte o la condición de ejecución y si era esperable bajo ambas hipótesis. Los rasgos compartidos por modelos caligráficos o por la forma externa del apellido recibieron poco peso; las combinaciones persistentes y menos visibles recibieron mayor atención.

4. Examen de la firma cuestionada

Q1 se examinó primero de manera aislada. Presentó un arranque ascendente, un cuerpo abreviado de dos movimientos principales, enlace central interrumpido y remate descendente. La línea mostró velocidad moderada, dos pausas aparentes y una presión menos modulada en el último tercio. Estas observaciones se registraron antes de visualizar la serie K para reducir el riesgo de seleccionar rasgos sólo porque coincidieran con las muestras conocidas.

La luz rasante confirmó surco compatible con instrumento de punta esférica, sin indicios visibles de guía previa, transferencia o retoque material. Esa constatación no resolvió la autoría; únicamente descartó, dentro del alcance del examen, algunas explicaciones documentoscópicas. La presión se describió como propiedad del original y no se extrapoló a D2.

El preanálisis de Q1 se realizó con una ficha preparada antes de consultar K. Se registraron dimensiones, inclinación global, dirección de la línea base, número aparente de movimientos, continuidad, puntos de inicio y terminación, cambios de velocidad, levantamientos, presión observable y relación con el espacio disponible. Las fotografías incluyeron vista general y detalles con escala. El objetivo era congelar una descripción independiente que pudiera compararse posteriormente con la serie conocida.

La observación de ritmo se trató como inferencia sustentada en indicadores, no como percepción intuitiva. La continuidad de curvas, la longitud de los trazos, la regularidad de cambios direccionales y la presencia de detenciones contribuyeron a describir velocidad aparente. Dos interrupciones centrales se consideraron pausas probables porque coincidían con variación de presión y reinicio direccional; no se calificaron como retoques porque no existían depósitos superpuestos ni corrección visible del contorno.

La iluminación rasante se utilizó en varios ángulos para evitar que una sombra aislada se interpretara como relieve. La microscopía de baja magnificación permitió distinguir el depósito del bolígrafo de artefactos de impresión. No se aplicaron reactivos ni técnicas destructivas. Las imágenes de trabajo fueron copias derivadas; los archivos originales se conservaron sin recorte, con nombres y metadatos registrados. Esta separación entre evidencia y material ilustrativo evitó que la edición gráfica sustituyera al documento.

El examen material no reveló calco por presión evidente, guía de grafito, perforación ni transferencia. Sin embargo, la ausencia de esos signos no excluyó toda forma de imitación. Una imitación libre puede ejecutarse sin guía material. Por ello, el hallazgo sólo redujo la plausibilidad de algunos mecanismos concretos y no se utilizó como prueba positiva de autoría.

5. Comparación de rasgos generales y particulares

La comparación se organizó en una matriz que separó concordancias, diferencias y rasgos no evaluables. El tamaño y la inclinación de Q1 se ubicaron cerca del extremo inferior del rango conocido. La proporción entre el primer módulo y el cuerpo central coincidió en once de las trece muestras útiles. El arranque y el remate conservaron dirección y secuencia semejantes, aunque Q1 mostró mayor rigidez y un levantamiento central poco frecuente.

Las coincidencias de forma externa se consideraron de valor limitado porque podían ser accesibles a un imitador. Mayor peso recibieron la combinación de proporciones internas, el punto de reinicio, la dirección del enlace y la relación entre arranque y remate. Las pausas y la presión irregular se trataron como hallazgos adversos que exigían explicación, no como prueba automática de falsificación.

La comparación comenzó por la estructura y avanzó hacia los detalles. Se superpusieron mentalmente secuencias de movimiento, no imágenes transparentes, porque una coincidencia geométrica perfecta sería incompatible con la variación natural y podría incluso sugerir reproducción. La matriz registró para cada rasgo su localización en Q1, el rango observado en K, el tipo de concordancia o diferencia, su explicación alternativa y la fotografía de respaldo.

Entre los rasgos generales, Q1 compartió con la serie una inclinación levemente ascendente, predominio horizontal y concentración de masa gráfica en el primer tercio. Estas coincidencias fueron útiles para orientar, pero no decisivas. En firmas de la misma tradición escolar pueden presentarse configuraciones semejantes. El valor aumentó cuando esas tendencias se relacionaron con proporciones internas estables y con la secuencia de enlaces.

Los rasgos particulares con mayor interés fueron el inicio ascendente que cambia de dirección sin ángulo pleno, la compresión del bucle inicial, el punto de conexión entre el segundo y tercer movimiento y el remate descendente que se desplaza ligeramente a la izquierda. La combinación apareció con variación en la serie conocida y no como forma idéntica. El levantamiento central de Q1 era menos frecuente, pero existía en dos muestras bajo espacio restringido.

Las diferencias se conservaron en una columna específica para evitar que quedaran subordinadas a las coincidencias. Q1 mostró menor velocidad aparente, mayor regularidad del contorno y presión terminal menos modulada. Cada diferencia se contrastó con postura, espacio, instrumento y variación conocida. La regularidad podía sugerir vigilancia, pero también era compatible con una ejecución más lenta por cuidado contractual. Como no existía registro de las condiciones originales, la explicación permaneció abierta.

La ponderación no consistió en contar rasgos. Cinco semejanzas de clase no equivalen a una combinación altamente informativa, y una diferencia puede superar varias concordancias si contradice la estructura básica y no admite explicación razonable. En este caso, ninguna diferencia fue estructuralmente incompatible; las reservas se concentraron en dinámica. Esa distribución justificó una conclusión intermedia y no una identificación fuerte.

6. Variabilidad natural e hipótesis de imitación

En K8 y K14 aparecieron interrupciones centrales semejantes cuando la firma se ejecutó en espacio reducido. K14 también mostró menor modulación de presión y remate abreviado. Esas muestras ampliaron el rango natural y ofrecieron una explicación parcial de las diferencias de Q1. Sin embargo, ninguna reprodujo simultáneamente las dos pausas y la rigidez terminal, de modo que la hipótesis de ejecución vigilada permaneció abierta.

La hipótesis de imitación servil fue evaluada a partir de lentitud, correcciones, contorno rígido y pérdida de automatismos. Q1 presentaba algunos indicadores compatibles con vigilancia, pero no mostraba retoques, detenciones angulares intensas ni reproducción geométrica. La imitación libre también era posible, aunque las coincidencias en rasgos menos visibles reducían su plausibilidad. El material no permitía excluir por completo una ejecución condicionada por postura, prisa o instrumento.

El rango de variación se representó mediante una tabla de frecuencias internas, sin convertirla en estadística poblacional. Se anotó en cuántas muestras aparecía cada alternativa de arranque, enlace y remate, así como las condiciones documentales asociadas. Este ejercicio mostró que el escritor simplificaba la firma en espacios pequeños y aumentaba levantamientos cuando el soporte tenía recuadros estrechos. La variación observada sirvió para explicar parte de Q1, pero no se extrapoló más allá de las muestras disponibles.

La imitación servil suele revelar atención al contorno a costa de dinámica. En Q1 existía regularidad superior al promedio, pero faltaban signos convergentes de copia lenta: no había temblor generalizado, correcciones, detenciones numerosas ni cambios angulares injustificados. La imitación libre era una alternativa más difícil de excluir porque puede preservar fluidez y aproximar hábitos visibles. Su evaluación se apoyó en detalles menos notorios, especialmente las relaciones proporcionales y la dirección del punto de reinicio.

El autodisfraz se consideró como explicación adicional dentro de H1. Un escritor puede modificar voluntariamente los rasgos más visibles y conservar patrones de movimiento. Q1 no mostraba una ruptura suficiente para sostener esa hipótesis como principal, pero la posibilidad ilustró por qué una diferencia superficial no debe conducir automáticamente a exclusión. La interpretación se mantuvo centrada en lo observable y no atribuyó intención de disfraz.

Las condiciones de salud, fatiga, prisa o postura no fueron documentadas el día de la firma. En vez de inventar una causa, el informe utilizó esas variables como límites. La frase apropiada no fue “las pausas se deben a prisa”, sino “las pausas admiten explicaciones alternativas no resolubles con el material disponible”. Esta distinción entre posibilidad y demostración es esencial para evitar que una hipótesis benigna se convierta en una certeza de conveniencia.

7. Evaluación y conclusión graduada

La evaluación integró calidad del original, suficiencia de la serie, valor discriminante de las concordancias y persistencia de las diferencias. Los hallazgos eran más esperables bajo H1 que bajo H2, pero las pausas y la rigidez impedían una conclusión fuerte. La conclusión se formuló como apoyo moderado al origen común, equivalente en la escala del manual a probable identificación. No se empleó un LR numérico porque el caso no disponía de datos poblacionales ni de un modelo validado para cuantificar la combinación de rasgos.

Modelo de redacción: “Las concordancias observadas en construcción, proporciones internas, dirección de enlaces, arranque y remate se sitúan dentro del rango representado por las muestras K1–K15 y apoyan la hipótesis de origen común. Las pausas y la menor modulación de presión reducen la fuerza del resultado, aunque encuentran explicación parcial en la variabilidad de K8 y K14. En conjunto, los hallazgos apoyan moderadamente que Q1 fue ejecutada por la persona que produjo las muestras conocidas. Esta conclusión no determina la integridad del contrato, su validez jurídica ni la intención de las partes".

La evaluación se realizó después de cerrar la matriz. Primero se verificó si existía alguna diferencia incompatible con el origen común; no se identificó. Después se examinó si las concordancias podían explicarse fácilmente por modelo de clase o imitación. Algunas sí, pero la combinación de proporciones, secuencia y detalles de reinicio era menos accesible. Finalmente se valoró el efecto de las reservas dinámicas y de la ausencia de información sobre condiciones de ejecución.

El nivel moderado de apoyo se definió antes de usarlo. Indicaba que el conjunto favorecía H1, pero conservaba limitaciones capaces de cambiar la evaluación si aparecía material adicional. No equivalía a un porcentaje ni a una probabilidad de culpabilidad. La palabra "probable" se vinculó a la escala interna del manual y se acompañó de su fundamento para reducir interpretaciones intuitivas por parte del lector.

La conclusión se dividió en tres componentes. El primero respondió autoría gráfica; el segundo describió que no se observaron alteraciones materiales en la zona de Q1 con las técnicas aplicadas; el tercero enumeró cuestiones no resueltas: integridad contractual completa, fecha de la tinta, voluntad y responsabilidad. Esta estructura evitó que una frase sobre firma se extendiera indebidamente a todo el documento.

La redacción incluyó tanto evidencia favorable como adversa. Ocultar las pausas habría debilitado la transparencia y expuesto el informe a una impugnación simple. Explicarlas como parte de la evaluación mostró por qué redujeron, pero no anularon, el apoyo a H1. La credibilidad del dictamen depende más de esa exposición equilibrada que de una frase categórica.

8. Revisión independiente y material de apoyo

Un segundo examinador recibió D1, la serie K, las notas descriptivas y las fotografías, pero no la conclusión inicial. Confirmó las concordancias principales, señaló que el levantamiento central debía describirse como diferencia de frecuencia baja y coincidió con el nivel moderado de apoyo. La revisión quedó firmada y fechada. Las discrepancias terminológicas se resolvieron en el informe sin borrar la nota original, preservando la historia de la evaluación.

Tabla 15. Inventario didáctico del caso Hernández

Código	Descripción	Condición y uso
D1	Contrato original de cuatro hojas	Objeto primario; firma Q1 en hoja 4
D2	Copia certificada del contrato	Referencia administrativa; no sustituye materialidad
K1–K12	Firmas bancarias contemporáneas	Serie principal de comparación
K13–K15	Recibos espontáneos	Ampliación de variabilidad natural
A1–A12	Fotografías y detalles	Localización de hallazgos y revisión

Tabla 16. Evaluación de suficiencia muestral

Criterio	Resultado	Efecto
Atribución	Documentos con procedencia verificable	Admisión de K1–K15
Contemporaneidad	Intervalo de 15 meses alrededor de D1	Adecuada para el caso
Comparabilidad	Firmas abreviadas del mismo tipo	K1–K15 comparables; K3 y K9 de menor peso
Calidad	Originales legibles; sin compresión	Permite dinámica y presión en D1
Variabilidad	Rango suficiente de tamaño, inclinación y remate	Base para explicar diferencias
Decisión	Muestra apta con dos reservas	Procede cotejo; conclusión sujeta a pausas

Tabla 17. Hipótesis y expectativas comparativas

Elemento	H1: origen común	H2: origen alternativo
Construcción	Dentro del rango conocido	Puede copiar contorno, no necesariamente secuencia
Ritmo	Variación compatible con K	Pérdida de fluidez o vigilancia
Proporciones internas	Persistencia de relaciones habituales	Coincidencia menos esperable por combinación
Diferencias	Explicables por variación o condiciones	Persistentes y difíciles de explicar

Tabla 18. Matriz comparativa del caso integral

Rasgo	Q1	Serie K	Evaluación
Arranque	Ascendente, corto	Ascendente en 13/15	Concordancia relevante
Proporción inicial/central	0.42	Rango 0.39–0.47	Dentro del rango

Rasgo	Q1	Serie K	Evaluación
Enlace central	Interrupción breve	Continua en 12; interrumpida en K8, K14	Diferencia explicable
Remate	Descendente y abreviado	Descendente; longitud variable	Concordancia con variación
Ritmo	Moderado, dos pausas	Generalmente fluido	Hallazgo adverso
Presión	Menor modulación terminal	Modulada; K14 menos modulada	Reserva parcial
Retoque	No observado	No observado	No apoya imitación servil
Dirección	Ascendente y cierre descendente	Misma tendencia	Concordancia
Resultado	Convergencia con reservas		Apoyo moderado a H1

El revisor aplicó una secuencia parcialmente ciega. Recibió primero el inventario, D1, la serie K y las fotografías; posteriormente consultó la matriz del primer examinador y, al final, el nivel de conclusión. Registró de forma independiente los rasgos que consideró críticos. Coincidió en la suficiencia y en la mayoría de las concordancias, pero describió el levantamiento central como variante rara y no como simple coincidencia. La diferencia terminológica se preservó en las notas.

La revisión técnica comprobó que las figuras podían localizarse en el original y que las ampliaciones no ocultaban contexto. También verificó que las dos muestras de menor calidad no se hubieran utilizado para sostener presión o microdetalle. La revisión administrativa confirmó códigos, numeración, firmas y correspondencia entre anexos. Al separar ambas revisiones se evitó que la corrección formal se presentara como validación científica.

El paquete didáctico del caso quedó compuesto por acta de recepción, inventario, ficha de suficiencia, preanálisis de Q1, tabla de variabilidad, matriz comparativa, registro instrumental, fotografías, hoja de revisión y conclusión. Cada pieza responde a una pregunta y puede ser auditada sin conocer la narrativa del litigio. Esa organización muestra cómo un caso deja de ser una impresión visual y se convierte en una secuencia de decisiones verificables.

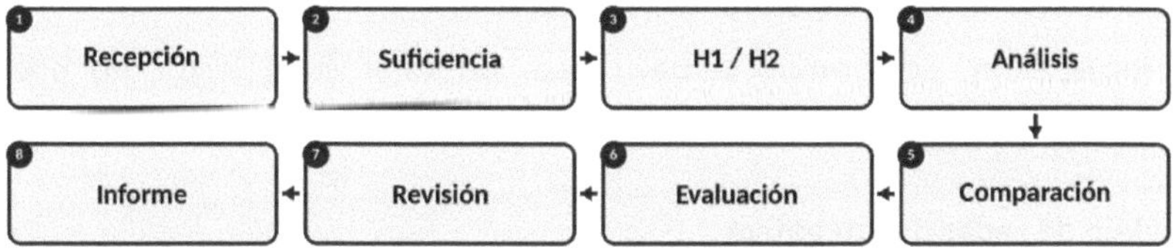

Figura 9. Secuencia integral de examen y revisión del caso didáctico. Fuente: elaboración propia.

En audiencia, el perito prepararía tres mensajes centrales: el material fue suficiente con reservas; las coincidencias estructurales favorecieron origen común; y las diferencias dinámicas impidieron una identificación fuerte. Ante la pregunta "¿la firma es auténtica?", la respuesta adecuada sería explicar el nivel moderado de apoyo y sus límites, sin traducirlo a una certeza jurídica ni atribuir fraude a persona alguna.

Conclusión graduada

La conclusión debe expresar fuerza de apoyo, no certeza metafísica. Identificación, probable identificación, indeterminado, probable exclusión y exclusión son niveles condicionados por evidencia.

En audiencia, la comunicación de incertidumbre evita que una pregunta cerrada convierta una opinión técnica en certeza jurídica. El perito debe sostener el mismo grado de conclusión que escribió en el dictamen.

Tabla 19. Escala de conclusión técnica graduada

Nivel	Fórmula prudente	Condición mínima
Identificación	Apoya fuertemente origen común	Coincidencias individualizantes y variabilidad
Probable identificación	Apoya moderadamente origen común	Limitación parcial
Indeterminado	No permite resolver	Muestra insuficiente o ambigua
Probable exclusión	Apoya moderadamente origen distinto	Diferencias persistentes
Exclusión	Apoya fuertemente origen distinto	Diferencias incompatibles

Modelo de redacción positiva

Cuando los hallazgos apoyan origen común, la redacción debe mencionar rasgos concordantes, variabilidad natural y ausencia de diferencias incompatibles relevantes.

La conclusión positiva debe nombrar los hallazgos que la sostienen y remitir a su localización. La fórmula verbal carece de valor si el lector no puede reconstruir su base.

Modelo de redacción negativa

Cuando los hallazgos apoyan origen distinto, la redacción debe distinguir diferencias persistentes de variaciones explicables. Excluir exige calidad suficiente.

La exclusión no debe formularse a partir de una copia deficiente; en esas condiciones corresponde una conclusión limitada o indeterminada.

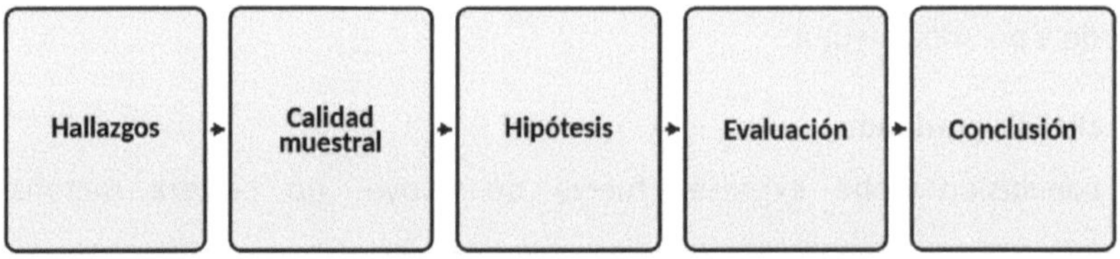

Figura 10. Ruta de conclusión graduada en cotejo de escritura. Fuente: elaboración propia.

Cierre del cotejo

El cotejo grafoscópico es una cadena: admisión de muestra, observación, comparación, evaluación, conclusión y comunicación. Si una estación falla, la conclusión debe disminuir de fuerza.

La conclusión graduada debe nacer después de comparar, no antes. Coincidencias y diferencias se ponderan por calidad, cantidad, persistencia y explicación alternativa. El lenguaje de identificación fuerte se reserva para materiales suficientes y convergentes; cuando la muestra es ambigua, la respuesta indeterminada es metodológicamente más honesta que una afirmación teatral.

La insuficiencia muestral no puede compensarse con seguridad verbal. Antes de emitir opinión se revisa, mediante una lista de verificación, la cadena completa del cotejo y sus límites.

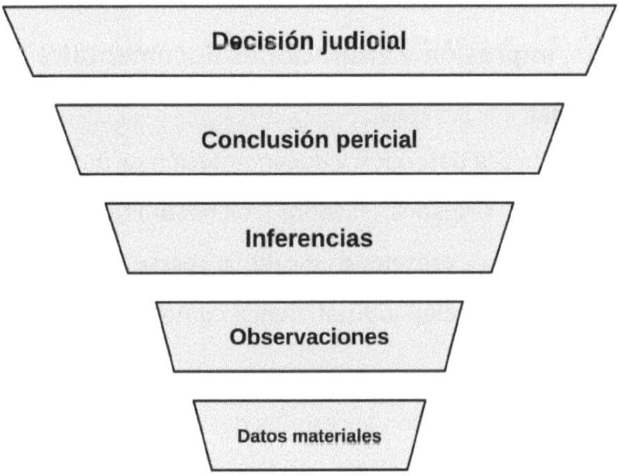

Figura 11. Pirámide de incertidumbre para comunicación pericial. Fuente: elaboración propia.

El cierre del cotejo no clausura el examen documental; lo conecta con la materialidad. Una firma compatible puede convivir con un documento alterado, una copia de baja calidad o una secuencia de impresión dudosa. Por eso, el siguiente bloque examina soporte, tintas, impresión y alteraciones como componentes que pueden confirmar, limitar o separar la conclusión grafoscópica. La fuerza del dictamen depende de no mezclar esos planos en una sola etiqueta.

Capítulo V

Soporte, tintas, impresión y alteraciones documentales

Soporte documental

Este capítulo se limita a la detección y documentación de indicios de alteración. Las descripciones de raspados, lavados, tachaduras, cruces de trazos o diferencias de tintas se presentan desde la perspectiva del examen, la preservación y la comunicación judicial, nunca como instrucciones para alterar documentos.

Soporte, tinta e impresión no son accesorios del cotejo: definen qué preguntas pueden responderse. Un surco, un depósito de tinta, una fibra levantada o una trama de impresión pueden modificar la interpretación de una firma. Sin embargo, muchas inferencias sobre secuencia, antigüedad o composición exceden la observación visual y requieren equipo especializado o laboratorio acreditado. El informe debe separar lo observado, lo inferido y lo que queda fuera de alcance, especialmente cuando el documento se presenta como copia o imagen degradada.

El soporte condiciona la lectura de los trazos. La absorción del papel, el tipo de instrumento, el depósito de tinta o tóner y la respuesta de elementos de seguridad pueden explicar variaciones que no pertenecen al hábito gráfico. Por ello, antes de concluir sobre autoría, conviene describir el medio material y advertir si la pregunta exige técnica química, espectral o de laboratorio.

El papel y otros soportes conservan fibras, recubrimientos, absorción, marcas de presión y respuestas a la luz. Esos datos pueden modificar la lectura de la escritura y de las alteraciones.

La ficha de soporte debe describir material, estado, absorción, relieve y respuestas observadas. Sólo entonces puede decidirse qué variaciones pertenecen al documento y cuáles podrían relacionarse con la escritura.

Tabla 20. Soportes documentales y examen recomendado

Soporte	Rasgo físico	Método
Papel bond	Fibra y absorción regular	Luz rasante y microscopía
Papel cuché	Superficie satinada	Observar deslizamiento
Seguridad	Marcas y fibras	UV y lupa
Sintético	Baja absorción	Revisar adherencia
Reciclado	Fibras irregulares	Controlar falsos indicios

Instrumentos escritores

El bolígrafo, la tinta gel, la pluma fuente y los marcadores producen depósitos distintos. La apariencia visual nunca basta para fechar una tinta, pero sí orienta el examen material.

Tabla 21. Instrumentos escritores e impresión

Medio	Depósito	Límite visual
Bolígrafo	Surco y tinta pastosa	No fecha por vista
Gel	Depósito intenso	Puede migrar
Fuente	Variación de ancho	Sensible al papel
Láser	Tóner superficial	Secuencia requiere técnica
Inyección de tinta	Gota absorbida	Sensible a agua

Impresión láser y por inyección de tinta

El tóner queda sobre la superficie y la tinta de inyección penetra fibras. La diferencia ayuda a detectar sustitución, montaje o incompatibilidad de procesos.

En raspados y abrasión, la observación debe centrarse en pérdida de fibra, brillo irregular, interrupción del soporte y reescritura. La autoría de la alteración no se atribuye sin evidencia adicional.

Luz rasante, UV e IR

La iluminación controlada revela relieve, borrado, fibras levantadas, respuestas fluorescentes y diferencias de material. Cada técnica debe registrarse con equipo y condición.

El examen documentoscópico comienza con técnicas de observación y registro no destructivas. La luz visible, rasante, transmitida, ultravioleta e infrarroja orienta la búsqueda de diferencias de soporte, abrasiones, depósitos, halos o respuestas fluorescentes. Cada respuesta óptica debe reportarse como indicio; no permite identificar composición química ni antigüedad sin una técnica instrumental validada. El examen se limita a la detección, la preservación y la derivación especializada.

El papel condiciona absorción, presión aparente y respuesta lumínica. Antes de comparar una firma, conviene describir soporte, estado físico, dobleces, manchas y posibles intervenciones.

El registro fotográfico debe incluir tomas generales y de detalle con escala.

Raspados y abrasión

El raspado altera fibras y puede borrar trazos antes de reescritura. En pagarés y recibos, suele afectar cifras o nombres.

En posibles lavados químicos, el perito debe describir halos, decoloración o respuesta lumínica diferenciada. La identificación del compuesto pertenece a un análisis instrumental, no a la simple vista.

Tabla 22. Alteraciones documentales y técnicas de apoyo

Alteración	Indicador	Técnica
Raspado	Pérdida de fibra	Microscopía y luz rasante
Lavado	Halo o decoloración	UV/IR
Tachadura	Ocultamiento	Imagen multiespectral
Enmienda	Diferencia de tinta o presión	Comparación instrumental

Lavados químicos

El lavado puede dejar halos, decoloración o reacción diferenciada bajo luz. Su examen requiere prudencia y, a veces, derivación instrumental.

Las tachaduras y enmiendas deben clasificarse como ocultamiento, corrección o adición según el material disponible. La intención del autor queda fuera del alcance documentoscópico ordinario.

Los halos, decoloraciones o respuestas lumínicas se documentan como indicios. La identificación de compuestos o mecanismos requiere análisis especializado y no debe inferirse por apariencia.

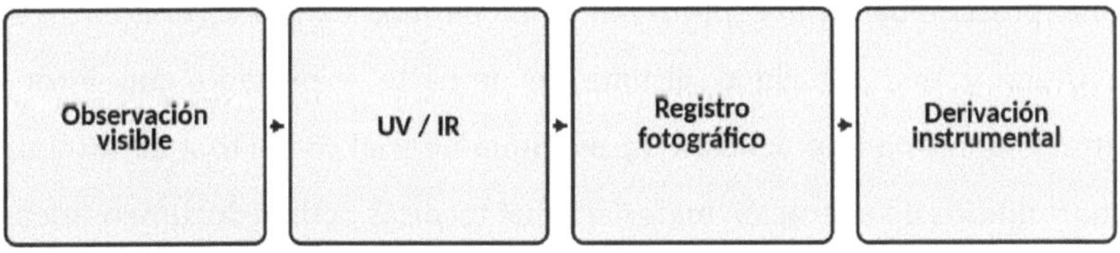

Figura 12. Ruta de observación de posibles lavados químicos. Fuente: elaboración propia.

Tachaduras y enmiendas

La tachadura puede ocultar contenido legítimo o accidental. La enmienda puede ser simultánea o posterior; la secuencia debe evaluarse con técnica adecuada.

Los instrumentos escritores dejan depósitos distintos. Bolígrafo, gel, pluma fuente, marcador, tóner y tinta de inyección deben diferenciarse con cautela y sin fechar por simple color.

Documento original, copia o digital

La decisión de examinar original, copia o archivo digital determina qué técnicas son posibles. El árbol de decisión debe incluir firma electrónica.

La pérdida de información por compresión debe describirse antes del cotejo. Pixelado, suavizado de bordes y reescalado pueden simular rasgos de ejecución o borrar detalles útiles.

Cada formato exige un alcance distinto. El informe debe identificar si se examinó un original, una copia o un archivo y evitar atribuir a la reproducción presión, relieve o secuencia que ya no conserva.

Tabla 23. Protocolo de derivación por limitación técnica

Limitación	Indicador	Acción
Copia degradada	Pixelado	Solicitar original
Tinta dudosa	Diferencia cromática	VSC o laboratorio
Presión no visible	Imagen plana	Requerir soporte
Firma electrónica	Certificado digital	Pericia informática

Caso Ramírez Villanueva

El caso es ficticio y separa tres niveles que suelen confundirse: observación material, inferencia sobre la intervención y atribución personal. Un pagaré original presentaba en el espacio numérico pérdida de fibras, brillo irregular, reescritura y una tonalidad distinta; el importe expresado con letra no mostraba la misma intervención. La pregunta pericial se limitó a determinar si existían indicios de alteración material y qué técnicas podían documentarlos.

La inspección inicial se realizó sin tratamiento destructivo. La fotografía general fijó ubicación, escala y estado del documento. La luz rasante hizo visible una depresión irregular y fibras levantadas; la microscopía permitió describir bordes discontinuos y depósito de tinta sobre una zona previamente afectada. Bajo iluminación UV se observó respuesta diferencial, pero ese hallazgo se reportó como indicio óptico, no como identificación de un compuesto químico.

La inferencia técnicamente defendible fue que la zona numérica había sufrido una intervención material compatible con abrasión y posterior reescritura. No se afirmó cuándo ocurrió, qué instrumento produjo la abrasión ni quién la realizó. La fecha de la tinta y la composición química requerían métodos validados y, en su caso, un laboratorio con competencia específica. La divergencia entre cifra y texto literal se consignó como contexto documental relevante, sin resolver el efecto jurídico del pagaré.

Conclusión modelo: "En la zona destinada al importe numérico se documentan pérdida localizada de fibras, alteración del brillo superficial, depresión irregular y depósito de tinta sobre el área intervenida. El conjunto es compatible con una modificación material previa a la reescritura observada. Los hallazgos no permiten atribuir autoría, establecer una fecha absoluta ni identificar sustancias sin análisis instrumental adicional".

Tabla 24. Separación entre observación, inferencia y atribución

Nivel	Formulación admisible	Formulación que debe evitarse
Observación	Se observan fibras levantadas y brillo irregular.	El documento fue raspado fraudulentamente.
Inferencia	Los hallazgos son compatibles con abrasión y reescritura.	Se demostró cómo y cuándo se alteró.
Atribución	No se dispone de evidencia para identificar a quien intervino.	La parte demandada realizó la modificación.

Nivel	Formulación admisible	Formulación que debe evitarse
Derivación	La composición o antigüedad exige técnica validada específica.	El color demuestra que la tinta es posterior.

VSC, ESDA y microscopía

El comparador espectral, ESDA y microscopía aportan información cuando el ojo y la fotografía ordinaria no alcanzan. Su uso debe justificarse por pregunta técnica.

Las impresiones láser y por inyección de tinta se distinguen por depósito superficial, trama, bordes y absorción. Esa observación ayuda a detectar incompatibilidades, pero no sustituye análisis de secuencia.

La selección instrumental debe justificarse por la pregunta técnica; el nombre del equipo no sustituye la motivación del examen.

Selección de técnicas instrumentales

La técnica debe elegirse a partir de la pregunta, no del prestigio del equipo. Una fuente de iluminación, un comparador espectral, un sistema de detección electrostática o un microscopio ofrecen información distinta y requieren materiales adecuados. El protocolo debe registrar el objeto examinado, la condición de originalidad, el equipo, los parámetros, la secuencia de pruebas, la persona responsable y los archivos generados.

Las pruebas no destructivas tienen prioridad. La luz visible documenta color, distribución y estado general; la rasante resalta relieve y fibras; la transmitida ayuda a observar espesores, cortes, injertos o marcas de agua; UV e IR pueden revelar respuestas ópticas diferenciadas. Ninguna respuesta lumínica identifica por sí sola una sustancia. El VSC integra fuentes y filtros para comparar comportamientos espectrales; la microscopía amplía depósitos y estructuras; ESDA busca impresiones indentadas en hojas compatibles. Cada técnica tiene límites de sensibilidad, interpretación y preservación (Kelly & Lindblom, 2006).

La derivación es obligatoria cuando la pregunta excede la competencia, el equipo o la validación disponible. Solicitar un examen especializado no debilita el dictamen; evita transformar una observación preliminar en una afirmación química, temporal o causal sin soporte. Antes de derivar, debe conservarse el estado del objeto, evitar tratamientos incompatibles y comunicar al laboratorio la pregunta concreta, la historia de manipulación y las pruebas ya realizadas.

Tabla 25. Técnicas documentoscópicas: preguntas, alcances y límites

Técnica	Pregunta principal	Material requerido	Hallazgo posible	Limitación	Derivación
Luz visible	¿Cuál es el estado general y la distribución?	Original o reproducción de calidad	Color, zonas, manchas, impresión y escritura	No identifica composición ni secuencia	Fotografía controlada
Luz rasante	¿Existe relieve o alteración superficial?	Preferentemen te original	Surcos, fibras levantadas, dobleces, abrasión	Ángulo y textura pueden producir falsos indicios	Microscopía si el detalle es crítico
Luz transmitida	¿Hay variaciones de espesor o elementos internos?	Soporte translúcido u original	Marcas de agua, cortes, injertos, opacidades	No toda diferencia implica sustitución	Comparación de soporte
Ultraviolet a	¿Existen respuestas fluorescentes diferenciadas?	Original, filtros y control de exposición	Fibras, blanqueadores, zonas tratadas, tintas distintas	No identifica sustancia ni fecha por sí sola	VSC o laboratorio químico
Infrarrojo	¿Hay absorción o luminiscencia diferenciada?	Original y equipo apropiado	Diferenciación de tintas, lectura bajo ocultamiento	Resultados dependientes de formulación y equipo	Examen espectral validado
Microscopí a	¿Cómo se distribuye el depósito y el daño?	Original estable y escala	Tóner, gotas, fibras, bordes, cruces, retoques	Campo reducido; riesgo de sobreinterpretació n	Imagen y revisión por segundo examinador
VSC	¿Cómo responden materiales bajo fuentes y filtros múltiples?	Original y procedimiento validado	Contraste de tintas, seguridad, borrados o adiciones	Comparación óptica no equivale a identificación química	Análisis químico cuando se requiera composición
ESDA	¿Existen impresiones indentadas latentes?	Hojas originales compatibles y bien conservadas	Escritura o marcas de presión no visibles	Sensibilidad depende de papel, humedad y manipulación	Laboratorio con experiencia y controles

Principio de mínima intervención y secuencia de examen

El orden de las técnicas forma parte del método. Antes de aplicar cualquier tratamiento deben documentarse el estado inicial, las preguntas y los riesgos para otros exámenes. La secuencia habitual comienza con observación y fotografía no destructivas, continúa con iluminación controlada y magnificación, y sólo después considera procedimientos que puedan modificar el soporte o interferir con huellas, ADN, tintas o impresiones indentadas. El orden puede cambiar según el caso, pero la decisión debe justificarse y coordinarse con otras disciplinas.

La mínima intervención no significa evitar todo contacto, sino escoger la acción menos invasiva que pueda responder la pregunta. Doblar una hoja para buscar relieve, aplicar calor, usar solventes o marcar directamente el documento puede destruir información. Las escalas deben colocarse junto al objeto sin cubrirlo; las fundas deben ser compatibles con conservación; y las pruebas de iluminación deben evitar exposición innecesaria. Si el material requiere un laboratorio especializado, la preservación prevalece sobre la curiosidad diagnóstica.

Cada técnica debe asociarse a una hipótesis material. La luz rasante se justifica cuando se buscan relieves, fibras levantadas o indentaciones visibles; la transmitida, ante diferencias de espesor, injertos, marcas de agua o discontinuidades; UV e IR, cuando se comparan respuestas ópticas; microscopía, para depósitos, bordes y estructura superficial; VSC, para explorar comportamientos espectrales; y ESDA, para impresiones indentadas en hojas aptas. Nombrar un equipo sin formular la pregunta convierte el instrumental en retórica de autoridad.

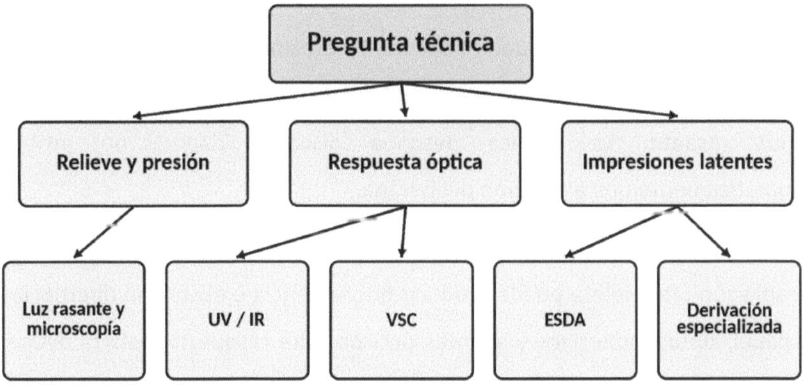

Figura 13. Selección de técnica instrumental según la pregunta pericial. Fuente: elaboración propia.

Iluminación visible, rasante y transmitida

La luz visible constituye el registro de referencia. Debe controlarse balance, dirección y exposición para que el color aparente no dependa de una iluminación desconocida. La fotografía general conserva contexto; los detalles muestran rasgos específicos. Las diferencias cromáticas observadas bajo luz blanca orientan, pero no identifican composición ni antigüedad. Dos tintas pueden parecer iguales y responder de manera distinta a otras longitudes de onda; también pueden parecer distintas por absorción del papel, grosor de depósito o envejecimiento desigual.

La iluminación rasante incide con ángulo bajo y acentúa sombras producidas por relieve. Resulta útil para abrasiones, fibras levantadas, surcos de escritura, dobleces y deformaciones. El hallazgo debe confirmarse desde más de una dirección, porque una textura normal puede generar sombras similares. La fotografía debe registrar el ángulo aproximado y la orientación de la fuente. La presencia de surco confirma interacción mecánica con el soporte, pero no identifica por sí sola al escritor ni establece la fecha de ejecución.

La luz transmitida atraviesa el soporte y permite observar distribución de fibras, marcas de agua, variaciones de espesor, cortes, injertos, perforaciones y algunas zonas de borrado. Su utilidad depende de la opacidad y del estado del papel. Un área más clara puede deberse a abrasión, fabricación, humedad o presión; por eso se compara con zonas de control y se integra con microscopía y luz rasante. La técnica describe discontinuidades, no atribuye automáticamente una alteración deliberada.

Ultravioleta, infrarrojo y comparador espectral

La radiación ultravioleta puede producir fluorescencia o absorción diferenciada en papel, tintas, adhesivos y agentes ópticos. Una respuesta distinta ayuda a delimitar zonas o seleccionar muestras para análisis posterior. No equivale a identificar una sustancia ni prueba que una adición sea posterior. Papeles fabricados en lotes diferentes, contaminación, tratamientos de conservación y exposición ambiental también modifican la respuesta. El informe debe describir la longitud de onda o el filtro utilizado cuando el equipo lo permita.

El infrarrojo puede favorecer absorción, reflexión o luminiscencia según la composición del material. Algunas tintas visualmente similares se diferencian; otras permanecen indistinguibles. Un texto oculto puede hacerse parcialmente visible si el material superpuesto responde de manera distinta, pero el resultado depende del soporte y de la intensidad del depósito. La imagen procesada debe conservarse junto con la toma original y los parámetros, evitando presentar un realce digital como si fuera observación directa.

Un comparador espectral de video integra fuentes UV, visibles e IR, filtros y sistemas de captura. Su ventaja es explorar de manera sistemática respuestas ópticas y documentarlas bajo condiciones controladas. Su límite es igualmente importante: diferenciar respuestas no significa identificar fórmula química, fabricante o fecha. La conclusión correcta suele ser comparativa —"las zonas exhiben comportamiento óptico distinto bajo determinadas condiciones"— y no causal, salvo que se disponga de análisis adicional validado.

Microscopía y sistemas de detección electrostática

La microscopía estereoscópica de baja magnificación permite estudiar continuidad de línea, bordes de tóner, penetración de tinta, fibras alteradas, depósitos, cruces y retoques. La magnificación no crea información; amplía la disponible y puede también amplificar artefactos. Debe registrarse el rango de aumento, la iluminación y la zona examinada. En cruces de trazos, la interpretación de secuencia requiere criterios validados y un punto material adecuado; muchas intersecciones permanecen indeterminadas incluso bajo magnificación.

ESDA se utiliza para revelar impresiones indentadas generadas en hojas subyacentes o superpuestas. El procedimiento aprovecha una carga electrostática y material revelador para visualizar variaciones relacionadas con las indentaciones. Su desempeño depende del papel, la presión, el almacenamiento, la humedad y las manipulaciones previas. La ausencia de una impresión revelada no demuestra que nunca existió escritura en una hoja superior. Además, el examen debe coordinarse con otras pruebas y realizarse por personal competente para preservar el objeto.

Las impresiones indentadas pueden aportar contenido, orden de hojas o relaciones entre documentos, pero requieren interpretación contextual. Una cifra revelada no prueba automáticamente que pertenezca al documento controvertido ni identifica a su autor. Deben compararse posición, orientación, secuencia de páginas y trazabilidad del conjunto. El informe debe distinguir entre recuperación de una impresión y atribución de significado probatorio.

Derivación, muestreo y límites de atribución

La derivación a química analítica, física, informática forense u otro laboratorio debe formular una pregunta precisa. "Analizar la tinta" es insuficiente; conviene indicar si se pretende comparar dos depósitos, caracterizar componentes, evaluar compatibilidad o explorar una secuencia. El laboratorio receptor necesita conocer el historial de tratamientos y las restricciones de consumo. Cuando el muestreo sea potencialmente destructivo, debe existir autorización, plan de localización, control de blancos y documentación fotográfica previa.

La datación de tintas es una materia especializada y condicionada. La apariencia, el color o la fluorescencia no permiten asignar una fecha absoluta. Incluso los métodos instrumentales dependen de composición, almacenamiento, soporte, ambiente y modelos de envejecimiento. Por ello, el perito documentoscópico general debe abstenerse de fechar por inspección y derivar cuando la pregunta sea pertinente y exista metodología validada para el material específico.

El resultado instrumental se integra como una capa del dictamen. Una diferencia óptica puede apoyar que dos zonas no responden igual; una abrasión puede demostrar intervención material; una impresión indentada puede revelar texto. Ninguno de esos datos identifica automáticamente al responsable ni resuelve validez jurídica. La atribución personal exige evidencia adicional y debe mantenerse separada de la descripción del fenómeno físico.

Secuencia de impresión y manuscrito

Saber si una firma se asentó antes o después de impresión puede ser decisivo, pero no siempre se resuelve visualmente. La secuencia demanda calidad de cruce y técnica apropiada.

La luz rasante, UV e IR deben registrarse con parámetros mínimos: equipo, ángulo, filtro, fecha, responsable y escala. Una imagen sin parámetros pierde valor de revisión.

La evaluación de un cruce exige soporte original, una intersección material adecuada y registro de las condiciones de observación. Absorción, depósito de tóner, deformación de fibras y geometría del cruce pueden afectar la lectura y obligar a reservar la conclusión.

La secuencia sólo puede informarse cuando existe un cruce evaluable y se aplica una técnica adecuada. En una copia o imagen degradada, la respuesta debe quedar limitada o indeterminada.

Documentos de seguridad

Papeles con marcas, microtextos, fibras o tintas de seguridad exigen comparar elementos esperados con el tipo documental. Un formato verdadero puede contener firma discutida.

La copia reduce materialidad. Puede conservar forma general, pero no presión real, relieve, secuencia de trazos ni detalles que el escaneo haya eliminado.

Protocolo de derivación

Cuando el laboratorio o gabinete no puede responder, la respuesta correcta es derivar. Derivar no es fallar; es preservar proporcionalidad.

Errores al trabajar con copias

Las copias eliminan relieve, cambian grosor, introducen sombras y pueden reescalar firmas. El dictamen debe advertir qué no se conserva.

La ruta de aportación digital debe registrar archivo fuente, origen, transferencias, versiones y metadatos disponibles. Una captura de pantalla no equivale al archivo original.

Antes de comparar, el perito describe qué información perdió la reproducción: relieve, gradación, microdetalle, escala o metadatos. Esa pérdida determina el alcance posterior.

Una fotocopia permite estudiar ciertos aspectos de forma y distribución, pero no presión real. Presentar esa inferencia como observable confunde una propiedad del original con un efecto de reproducción.

Cierre documentoscópico

El soporte y la tinta no compiten con la grafoscopía; la completan. Una firma compatible en un documento alterado exige dos conclusiones distintas.

La integración documentoscópica separa autoría, soporte, impresión e integridad. Un documento puede presentar firma compatible y alteración en una cifra, una fecha o un espacio de llenado. El dictamen debe evitar la etiqueta global de falsedad y explicar por componentes qué se observó, qué se infiere y qué permanece fuera de alcance.

Decisión de derivación instrumental

La conclusión documentoscópica debe detenerse cuando la pregunta supera la observación disponible, la validación del gabinete o la competencia del examinador. Derivar no significa renunciar al caso: significa preservar el objeto, formular una solicitud precisa y evitar que un indicio preliminar se convierta en identificación química, datación o atribución personal sin base suficiente.

Tabla 26. Criterios para limitar o derivar

Situación	Límite inmediato	Respuesta profesional
Copia o imagen sin materialidad	No evaluar relieve, presión real ni cruces	Solicitar original o limitar a morfología
Respuesta óptica diferenciada	No identificar sustancia ni fecha	Documentar parámetros y derivar si es pertinente
Cruce de trazos ambiguo	No afirmar secuencia por intuición	Aplicar técnica validada o declarar indeterminado
Posible composición o antigüedad de tinta	No fechar por color o apariencia	Consulta a laboratorio especializado
Impresiones indentadas	La ausencia no prueba inexistencia	ESDA por personal competente y con control
Archivo con edición o metadatos controvertidos	La captura no equivale a fuente	Preservar archivo y derivar a informática forense
Riesgo para huellas, ADN u otro examen	Una prueba puede destruir evidencia	Coordinar orden interdisciplinario

La solicitud de apoyo debe indicar objeto, pregunta, historial de manipulación, técnicas ya aplicadas y restricciones de consumo. El informe final integrará el resultado especializado sin atribuirle un alcance mayor que el declarado por el laboratorio receptor.

Capítulo VI

Investigación documental y contexto técnico-probatorio

Investigación documental

Hilo conductor. Gutiérrez Solano funciona como caso guía de investigación documental completa: recepción, ruta de aportación, identificación de versiones, selección de contexto necesario, control de sesgo y dictamen segmentado entre firma, soporte e integridad.

Toda fuente externa debe clasificarse por proximidad al evento documental. Un original protocolizado, una constancia bancaria, un archivo fuente o un registro de mensajería tienen distinto peso que una captura de pantalla o una referencia verbal. La investigación técnico-probatoria debe dejar bitácora de búsquedas, solicitudes, respuestas, negativas y vacíos. Un vacío no se rellena con intuición; se reporta como límite. Esta disciplina permite que el dictamen posterior distinga contexto verificable de narración interesada.

La investigación técnica organiza fuentes antes de que el dictamen cierre. Busca documentos relacionados, versiones, testigos de circulación, registros y condiciones de obtención.

Tabla 27. Competencias EC0945 vinculadas a investigación documental

Competencia	Aplicación	Evidencia
Planear investigación	Delimitar hipótesis	Plan de trabajo
Recabar información	Solicitar fuentes	Bitácora
Analizar datos	Contrastar versiones	Matriz
Reportar hallazgos	Comunicar límites	Informe

Competencias EC0945

El estándar de investigación privada ofrece operaciones útiles para documentoscopía: planear, recabar, analizar, resguardar y reportar. Su valor está en la disciplina de información.

EC1081 y peritaje grafoscópico

EC1081 orienta el desempeño del examen grafoscópico mediante preparación, comparación y emisión de dictamen. El manual lo integra como lenguaje operativo mexicano.

Los estándares de competencia se vuelven útiles cuando se traducen en evidencias de trabajo: plan, bitácora, inventario, solicitud de fuentes, matriz de análisis, anexos y reporte. No sustituyen la ley ni el juicio experto, pero ordenan la práctica mexicana y permiten evaluar el desempeño. La conexión entre estándar, operación y resultado técnico debe ser explícita.

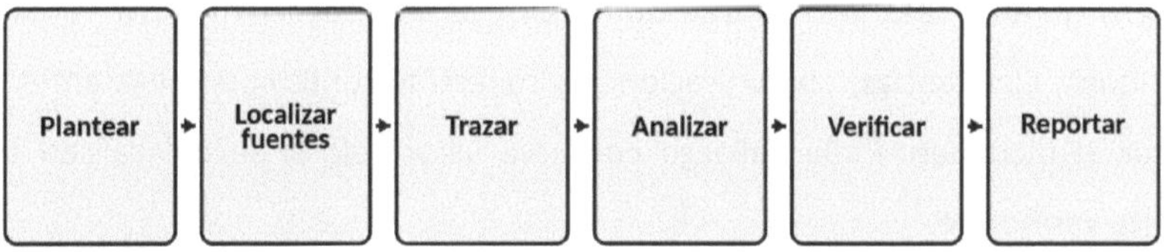

Figura 14. Agenda documental de seis fases para investigación técnica. Fuente: elaboración propia.

El estándar de competencia adquiere sentido cuando se refleja en toma de muestras, comparación documentada, productos verificables y un informe congruente; su cita aislada no demuestra desempeño.

EC1204 y dictamen técnico

EC1204 refuerza la necesidad de dictamen estructurado, evidencias de trabajo y comunicación clara. Es especialmente útil para separar hallazgo, análisis y conclusión.

Un dictamen auditable no persuade por extensión, sino por reconstruibilidad. El lector debe poder seguir la ruta desde el punto de pericia hasta el material recibido, el método aplicado, los hallazgos, las limitaciones y la conclusión. Cada fotografía, tabla o anexo debe responder a una observación concreta; de lo contrario, se vuelve decoración. La matriz de trazabilidad funciona como núcleo auditable porque une fuente, dato, interpretación y alcance, permitiendo que otro experto revise el razonamiento sin depender de confianza personal.

Documento firmado en blanco

La controversia sobre firma en blanco exige separar autoría de firma y momento de llenado. Una firma auténtica no prueba que el texto estuviera completo al firmar.

La secuencia entre impresión y manuscrito requiere cruces evaluables, soporte original y técnica adecuada. En copia o imagen comprimida, la respuesta debe limitarse a lo observable.

El documento firmado en blanco exige dividir preguntas. La firma puede ser auténtica y el llenado posterior, discutible; también puede haber soporte íntegro y una ruta de aportación débil. La investigación debe localizar versiones, constancias, comunicaciones y muestras contemporáneas antes de cerrar el dictamen. Cada hallazgo conserva valor sólo si se enlaza con una fuente verificable.

Caso Gutiérrez Solano

En un contrato de prestación de servicios, la firma era compatible con el titular, pero el cuerpo del contrato mostraba espacios completados con distinta alineación y posible impresión posterior.

El caso Gutiérrez Solano enseña que la firma compatible con el titular no agota la pregunta probatoria. Un documento firmado en blanco, completado después o ensamblado por versiones puede presentar autoría manuscrita y, al mismo tiempo, problemas de integridad textual. La pericia debe formular conclusiones separadas: una sobre origen gráfico de la firma y otra sobre soporte, impresión, secuencia, espacios, alineación y trazabilidad. Esta división evita la etiqueta global de falsedad y permite una valoración judicial más precisa.

> Caso ficticio: Gutiérrez Solano. Hechos: Contrato firmado en blanco con espacios presuntamente completados después. Procedimiento aplicado: separar autoría de firma, integridad del texto y secuencia material. Conclusión proporcional: firma posiblemente compatible; el llenado posterior requiere análisis documentoscópico.

Contexto necesario

El perito necesita información que afecte técnicamente la interpretación: fecha, edad aproximada de muestras, tipo de documento, originalidad y cadena. Lo demás debe filtrarse.

La revisión independiente debe activarse con mayor rigor en conclusiones fuertes, casos complejos o informes que serán defendidos oralmente. El desacuerdo técnico no se oculta: se documenta y se resuelve con criterios de evidencia.

La información se clasifica antes del examen como necesaria, neutra o potencialmente sesgante. La decisión y el momento de revelación quedan asentados en una bitácora.

Tabla 28. Contexto necesario frente a información sesgante

Información	Necesaria	Sesgante
Fecha del documento	Para contemporaneidad	No
Historia penal	No para cotejo	Sí
Documento original	Sí	No
Confesiones o rumores	No	Sí
Cadena de custodia	Sí	No

Sesgo contextual

El sesgo no requiere mala fe. Puede surgir por orden de presentación, expectativas, presión de parte o conocimiento de conclusiones ajenas.

El efecto cascada aparece cuando un experto conoce conclusiones previas antes de revisar datos primarios. La lectura secuencial reduce ese riesgo al diferir información no necesaria.

La experiencia no inmuniza frente al sesgo. El expediente debe incluir un registro de la información contextual recibida y de las medidas de control aplicadas.

Fuentes externas y verificación

Correos, mensajería, notaría, bancos, registros y archivos digitales pueden confirmar ruta documental. La verificación externa debe distinguir fuente primaria y referencia secundaria.

La investigación documental debe construir cronologías: creación, firma, circulación, controversia, aportación y examen. Esa secuencia ayuda a ubicar pérdidas de información y puntos de verificación.

Una captura de pantalla es una representación derivada, no el archivo fuente. Debe registrarse como tal y contrastarse, cuando sea posible, con metadatos, registros institucionales o la fuente primaria.

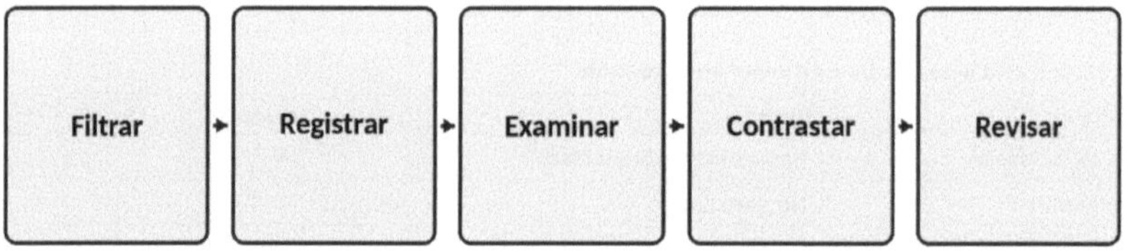

Figura 15. Filtro de información contextual para reducir sesgo. Fuente: elaboración propia.

Análisis georreferenciado

Cuando el litigio involucra rutas de entrega, sucursales, domicilios o tiempo de traslado, herramientas como QGIS pueden apoyar la investigación contextual.

El análisis georreferenciado sólo aporta contexto: rutas, domicilios, sucursales o tiempos de traslado. No permite inferir autoría gráfica ni sustituye el examen del documento.

El anexo geoespacial sirve para contrastar rutas, ubicaciones y tiempos. No aporta autoría gráfica y debe mantenerse separado de la comparación de escritura.

Tabla 29. Uso prudente de análisis georreferenciado

Elemento	Pregunta	Utilidad
Lugar de firma	¿Dónde ocurrió?	Contrastar rutas
Mensajería	¿Cómo circuló?	Trazar entregas
Sucursal Bancaria	¿Qué sede intervino?	Cruzar registros
Notaría	¿Existe protocolo?	Verificar fuente

Agenda de seis fases

La agenda documental inicia con pregunta, sigue con fuentes, trazabilidad, análisis, verificación y reporte. Cada fase produce un control revisable.

La investigación documental no reemplaza el examen pericial; lo prepara y lo contextualiza. Su valor está en ubicar fuentes primarias, versiones del documento, rutas de circulación, registros administrativos, comunicaciones y datos de entrega sin contaminar al perito con teorías de culpabilidad. La información útil debe estar relacionada con la pregunta técnica: fecha, soporte, originalidad, muestras, cadena y condiciones de obtención. Lo demás puede reservarse para el litigio, pero no debe orientar anticipadamente la lectura del indicio.

Figura 16. Uso prudente de contexto geoespacial en investigación documental. Fuente: elaboración propia.

Coordinación con el perito

El investigador puede preparar muestras y contexto, pero no debe sugerir conclusiones. La coordinación sana entrega datos y deja abierta la evaluación técnica.

El contrainterrogatorio técnico debe revisar muestras, originalidad, anexos, diferencias no explicadas y posible sesgo. Atacar la personalidad del experto no sustituye revisar el método.

El contexto se administra, no se consume sin filtro. Fecha, originalidad, cadena, edad de muestras y fuente del archivo suelen ser información necesaria; rumores, expectativas de parte o conclusiones ajenas pueden sesgar. La coordinación con el perito debe entregar datos útiles e inventariados, sin prescribir el resultado esperado. Así se conserva independencia técnica.

Cierre investigativo

La investigación documental amplía el horizonte del examen sin contaminarlo. Su meta es que el dictamen responda una pregunta real con datos suficientes y contexto depurado.

Al cerrar la investigación se separan las fuentes que apoyan autoría, las que informan integridad y las que sólo describen circulación. Los vacíos, las versiones no localizadas y las solicitudes sin respuesta se reportan como pendientes, no se completan mediante inferencia.

El cierre del expediente debe consignar las fuentes, los límites y los asuntos pendientes.

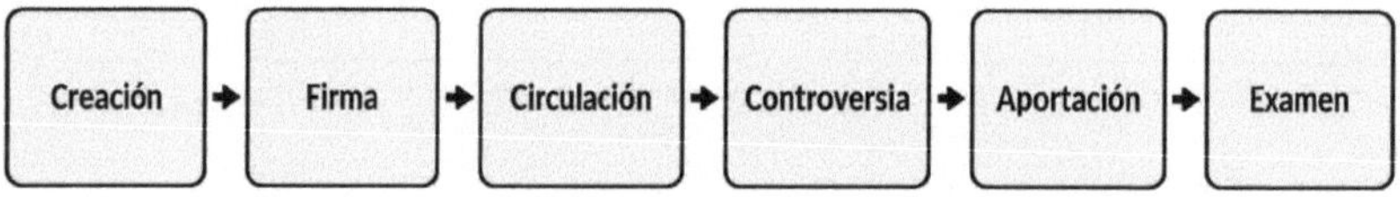

Figura 17. Cronología mínima del evento documental. Fuente: elaboración propia.

El resultado de la investigación documental debe llegar al dictamen como información ordenada, no como presión narrativa. Fuentes, rutas, versiones y vacíos se vuelven útiles cuando permiten formular hipótesis rivales y graduar incertidumbre. Por esa razón, el capítulo siguiente introduce el LR conceptual, el control de sesgo y la comunicación judicial como herramientas para explicar cuánto apoyan los hallazgos y qué límites sobreviven.

Capítulo VII

LR conceptual, sesgo e incertidumbre en la comunicación judicial

LR como marco lógico

En este manual, LR no significa cálculo automático, sino una disciplina de razonamiento: formular H1 y H2, preguntar bajo cuál hipótesis serían más esperables los hallazgos y comunicar esa fuerza mediante un lenguaje verbal prudente.

La escala verbal sólo cumple su función cuando se define antes de usarla. Identificación, probable identificación e indeterminación deben vincularse con calidad de muestra, concordancias, diferencias y límites del soporte.

Tabla 30. Verbalización evaluativa prudente

Fuerza verbal	Lectura técnica	Uso en dictamen
Apoyo fuerte	Los hallazgos son claramente más esperables bajo una hipótesis que bajo la rival.	Procede conclusión fuerte si la muestra es suficiente y no hay diferencias incompatibles.
Apoyo moderado	Los hallazgos favorecen una hipótesis, pero conservan reservas por muestra, soporte o variabilidad.	Procede probable identificación o probable exclusión con límites explícitos.
Apoyo limitado	La evidencia aporta orientación, pero no resuelve de forma robusta.	Procede conclusión cauta, sin identificación ni exclusión categórica.
Neutral o indeterminado	La información disponible no discrimina adecuadamente entre hipótesis.	Procede explicar la insuficiencia y solicitar material adicional si existe.

El LR se conserva aquí como disciplina de comparación entre hipótesis, no como cálculo automático. Obliga a preguntar si los hallazgos son más esperables bajo H1 que bajo H2 y a separar la fuerza de la evidencia de las probabilidades previas del caso (Aitken et al., 2021; Taroni et al., 2010).

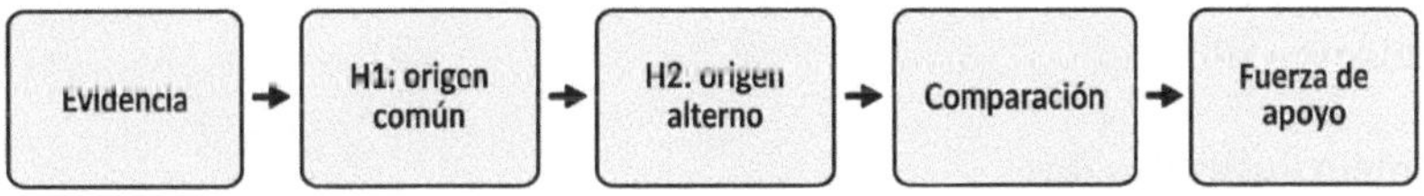

Figura 18. LR conceptual como disciplina de contraste de hipótesis. Fuente: elaboración propia.

Hipótesis H1 y H2

H1 puede ser origen común y H2 origen distinto con posible imitación o coincidencia. Sin hipótesis alternativa, la conclusión sólo confirma expectativas.

La conclusión proporcional protege el contradictorio: permite valorar el dato técnico sin convertirlo en declaración absoluta sobre dolo, fraude o culpabilidad.

H1 y H2 se redactan antes de la comparación y al mismo nivel de proposición. Este orden impide que la evidencia se evalúe únicamente contra la sospecha de una parte.

La evidencia no se evalúa contra una sospecha unilateral. El informe debe exponer H1 y H2, su nivel de proposición y las expectativas relevantes antes de ponderar los hallazgos.

Tabla 31. Ejemplos ilustrativos de LR conceptual

Hallazgo	H1 origen común	H2 origen alterno
Ritmo fluido y enlaces raros	Esperable	Menos esperable
Similitud de forma aislada	Poco informativa	También esperable
Diferencias estructurales persistentes	Difícil de explicar	Esperable
Copia pixelada	No evaluable	No evaluable

Ejemplo ilustrativo uno

Si una firma conserva enlaces raros, ritmo fluido y proporciones consistentes con el rango indubitado, esos hallazgos pueden ser más esperables bajo origen común que bajo origen alterno.

El LR conceptual disciplina la comparación porque obliga a pensar en dos hipótesis, no sólo en la sospecha de una parte. Si un rasgo es común o visible en muchas firmas, aporta poco; si una combinación de rasgos persistentes es más esperable bajo una hipótesis que bajo otra, aumenta el apoyo. Sin datos poblacionales, la fuerza debe expresarse mediante un lenguaje verbal prudente.

Ejemplo ilustrativo dos

Si el único dato es parecido de contorno en una copia pixelada, el hallazgo puede ser casi igualmente esperable bajo origen común o imitación. El LR conceptual se acerca a neutralidad.

Ejemplo ilustrativo tres

Diferencias estructurales persistentes en proporción, enlaces y dirección pueden apoyar origen distinto si no se explican por variabilidad natural, soporte o condición de toma.

Pirámide de incertidumbre

La incertidumbre se acumula desde datos materiales hasta inferencias. Una conclusión honesta muestra dónde se perdió información y qué parte depende de juicio experto.

Los documentos de seguridad se examinan por componentes: soporte, marcas, fibras, microtexto, tintas y datos variables. La autenticidad del soporte no resuelve automáticamente la autoría de la firma.

La incertidumbre no debe ocultarse para reforzar retóricamente la conclusión. Su comunicación debe mostrar la relación entre datos materiales, observaciones, inferencias y decisión técnica.

Sesgo contextual según Dror

La pericia puede verse afectada por información irrelevante, expectativas y procesos cognitivos normales. La respuesta profesional no consiste en negar el sesgo, sino en gestionarlo mediante controles explícitos (Dror, 2020; Dror & Cole, 2010).

La revisión técnica debe mirar datos y razonamiento, no sólo ortografía. El revisor debe poder localizar observaciones, comprobar anexos y discutir diferencias relevantes.

La comunicación judicial exige precisión sencilla. El perito debe indicar qué hipótesis recibe apoyo, con qué fuerza y bajo qué reservas. Cuando la muestra no permite resolver, la indeterminación es una conclusión técnica legítima. La utilidad del dictamen aumenta cuando el lenguaje evita porcentajes improvisados y sustituye la certeza absoluta por razones verificables.

La voluntad y la experiencia no inmunizan frente al sesgo. El control requiere filtrar información, registrar exposición y, cuando sea posible, revisar materiales antes de conocer la conclusión previa.

Tabla 32. Controles de sesgo contextual

Riesgo	Control	Registro
Confirmación	Hipótesis alterna	Nota de análisis
Expectativa de parte	Información filtrada	Bitácora
Efecto cascada	Revisión ciega secuencial	Lista de acceso
Fatiga	Pausas y segunda lectura	Control interno

Efecto cascada

Cuando un experto conoce conclusiones previas, puede ajustar inconscientemente su propia lectura. La secuencia de información debe diseñarse para evitar cascadas.

El control de sesgo exige registro. No basta afirmar independencia: debe constar qué información entró, qué se excluyó y en qué momento se abrió contexto adicional.

El efecto cascada se controla evitando que conclusiones previas funcionen como datos. El examinador registra primero sus observaciones y sólo después consulta información adicional cuya relevancia pueda justificarse.

La revisión comienza con los datos primarios y sólo después incorpora el contexto adicional pertinente.

Revisión técnica

La revisión aumenta calidad si revisa datos y razonamiento, no sólo ortografía. Debe indicar qué se revisó, cuándo y con qué independencia.

La fatiga también es factor humano. En casos extensos conviene programar pausas, segunda lectura y revisión independiente de conclusiones fuertes.

Comunicación escrita

El dictamen escrito debe explicar grado de apoyo en palabras simples. La escala verbal evita que el lector traduzca todo a falso o auténtico.

Cuando la evidencia es ambigua, la indeterminación no es evasión; es la respuesta técnicamente correcta. El valor del dictamen aumenta cuando explica qué información faltó para una conclusión más fuerte.

Cada nivel verbal debe vincularse con suficiencia, convergencia, diferencias y límites. Sin esa explicación, el lector traducirá la etiqueta según su propia intuición.

Comunicación oral

En audiencia, el perito debe resistir la presión del sí o no cuando el material exige matiz. La respuesta debe ser breve, técnica y proporcional.

La formulación de H1 y H2 disciplina el examen porque impide evaluar la evidencia contra una sospecha única. Cada hallazgo debe preguntarse frente a origen común y origen alternativo.

Tabla 33. Comunicación de incertidumbre en audiencia

Pregunta	Respuesta prudente	Evitar
¿Está seguro?	Mis hallazgos apoyan en tal grado	Cien por ciento
¿Quién mintió?	No evalúo intención	Juicio moral
¿Es falso?	Hay incompatibilidades técnicas	Delito probado
¿Por qué no concluye?	La muestra no conserva datos	Excusa vaga

Lenguaje ante tribunal

El tribunal no necesita ecuaciones, necesita entender fuerza y límites. La frase correcta comunica qué hipótesis recibe apoyo y con qué reservas.

El lenguaje de apoyo permite expresar dirección y fuerza sin inventar porcentajes. Decir que los hallazgos apoyan moderadamente una hipótesis comunica más que llamar auténtica o falsa a una firma sin matices.

Ante el tribunal, la explicación debe conservar la misma fuerza que el informe: qué hipótesis resulta favorecida, por cuáles hallazgos y con qué reservas. El lenguaje sencillo no autoriza a convertir apoyo técnico en certeza jurídica.

El control de calidad exige un lenguaje comprensible para el juzgador y un glosario de audiencia cuando los términos técnicos puedan prestarse a ambigüedad. Este enfoque es compatible con el razonamiento evaluativo propuesto por Taroni et al. (2010), siempre que se adapte al marco procesal mexicano.

Incertidumbre y carga de la prueba

El perito no asigna carga de la prueba ni decide estándar judicial. Sólo comunica la fuerza de sus hallazgos; el órgano jurisdiccional integra esa información con el resto del caso.

La incertidumbre debe ser inteligible para un juzgador no especializado. Por eso conviene separar observaciones, inferencias y conclusión, y reservar los detalles instrumentales para anexos verificables.

Error y desempeño

La literatura sobre ciencias forenses insiste en medir desempeño, error y límites de opinión. En escritura, la variabilidad humana exige especial cuidado.

Un hallazgo raro, persistente y dinámicamente consistente puede aumentar el apoyo hacia origen común. Un rasgo común o meramente morfológico suele aportar poco.

La sección de confiabilidad debe describir desempeño, fuentes de error, dificultad del caso y controles aplicados, sin presentar el método como infalible ni trasladar tasas generales de forma automática.

Matrices de incertidumbre

Una matriz permite ver si la limitación proviene de soporte, muestra, calidad de imagen, ausencia de original, sesgo contextual o falta de revisión.

El perito no administra la carga de la prueba; comunica el alcance de sus hallazgos. La decisión judicial pertenece al tribunal, que integra la pericial con el resto del expediente.

La incertidumbre se gestiona por capas: calidad del soporte, suficiencia de muestra, variabilidad, sesgo contextual, revisión y límites de método. El disenso entre peritos puede explicarse por insumos distintos, criterios distintos o distinta ponderación de hallazgos. El tribunal necesita saber cuál de esas diferencias produce el desacuerdo, no sólo cuál experto tiene mayor currículum.

Convergencia de evidencia

La fuerza no nace de acumular muchas coincidencias triviales, sino de una convergencia coherente de rasgos con valor discriminante y ausencia de diferencias incompatibles.

La convergencia exige que rasgos independientes o complementarios apunten en la misma dirección y que las diferencias relevantes hayan sido examinadas. Repetir varias veces el mismo patrón bajo nombres distintos no multiplica su valor.

Disenso entre peritos

El disenso puede ser legítimo si nace de muestras distintas, criterios distintos o valoración distinta. El tribunal necesita saber cuál diferencia explica el desacuerdo.

Para explicar el disenso se comparan, en orden, los materiales recibidos, los criterios de suficiencia, los rasgos seleccionados, las explicaciones alternativas y la escala empleada. El currículo sólo es contexto; la causa del desacuerdo debe localizarse en el razonamiento.

Cierre de incertidumbre

El LR conceptual, el control de sesgo y la comunicación de incertidumbre protegen al dictamen de dos excesos: la falsa exactitud numérica y el absolutismo verbal.

La claridad es parte del método. Una conclusión graduada mal explicada puede ser tan problemática como una conclusión exagerada, porque impide conocer la verdadera fuerza del hallazgo.

El capítulo concluye expresando la dirección del apoyo, su intensidad y las reservas que permanecen. La prudencia es informativa sólo cuando explica sus razones.

Control de comunicación evaluativa

Antes de redactar el dictamen, el perito debe transformar la evaluación en una explicación que conserve dirección, fuerza y límites. La tabla ayuda a comprobar que la escala verbal no se convierta en un porcentaje improvisado ni en una decisión sobre fraude, culpabilidad o validez jurídica.

Tabla 34. Traducción de la evaluación al informe

Elemento	Pregunta de control	Formulación adecuada
Proposiciones	¿H1 y H2 están al mismo nivel?	Origen común frente a origen alternativo
Hallazgos	¿Se distinguen datos favorables y adversos?	Describir ambos y remitir a fuente
Fuerza	¿El término verbal está definido?	Vincularlo con suficiencia y convergencia
Limitaciones	¿Se explica qué efecto produce cada reserva?	Relacionar límite con la pregunta afectada
Frontera	¿Se evita decidir hechos jurídicos?	Separar conclusión pericial y valoración judicial
Revisión	¿El nivel fue contrastado independientemente?	Registrar acuerdo, cambio o discrepancia

La comunicación proporcional no consiste en debilitar toda opinión. Si la evidencia es suficiente y convergente, el perito debe decirlo con claridad; si es ambigua, la indeterminación debe explicarse con la misma precisión. En ambos casos, la razón del nivel debe ser reconstruible.

Capítulo VIII

Dictamen auditable y defensa oral

Estructura general del dictamen

Transición final. El dictamen auditable es la consecuencia de todo el manual: sin inventario, método, anexos, control de sesgo y escala de conclusión, la opinión queda en autoridad personal. Con esos controles, el informe puede defenderse incluso bajo contrainterrogatorio intenso.

La ética de la conclusión se demuestra en los límites. Cuando un documento no conserva información suficiente, cuando la muestra es pobre o cuando el soporte impide evaluar presión o secuencia, el dictamen debe decirlo de manera clara. Un informe complementario sólo debe modificar conclusiones si entra nuevo material relevante, y debe explicar qué cambió respecto del alcance original. La independencia técnica se protege evitando negociar el lenguaje con la parte interesada y manteniendo la misma prudencia en gabinete, informe y audiencia.

Un dictamen auditable permite seguir el hilo desde el punto de pericia hasta la conclusión. Cada sección debe tener función y evidencia asociada.

El dictamen debe identificar las fuentes de cada afirmación y enlazarlas con sus anexos; una narrativa sin referencias verificables impide auditar el razonamiento.

Tabla 35. Estructura de dictamen auditable

Sección	Contenido	Verificación
Objeto	Puntos de pericia	Acuerdo o solicitud
Material	Documentos y muestras	Inventario
Método	Operaciones	Repetibilidad
Hallazgos	Datos observados	Anexos
Conclusión	Grado y límites	Trazabilidad

Inventario de material recibido

La primera defensa del informe es un inventario claro. Documento, folio, estado, formato, origen, fecha de recepción y custodia deben quedar registrados.

El inventario técnico debe permitir reconstruir la ruta del documento sin depender de memoria personal. Cada pieza necesita un código estable, descripción física, formato de recepción, condición de originalidad y relación con las muestras indubitadas. Esta disciplina documental es especialmente importante cuando se trabaja con copias, fotografías o archivos reenviados, porque el soporte de análisis ya no es el soporte histórico del acto. El dictamen gana fuerza cuando el lector puede verificar cómo cada hallazgo se enlaza con una fuente identificada.

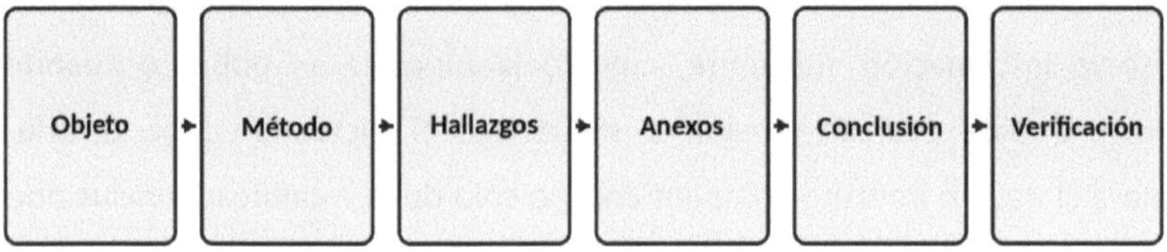

Figura 19. Relación entre dictamen, anexos y conclusión. Fuente: elaboración propia.

Metodología explicada

La metodología no debe copiar estándares como lista decorativa. Debe explicar qué operaciones se realizaron en ese caso y por qué eran adecuadas.

La metodología debe describir las operaciones realmente ejecutadas y su relación con la pregunta. Mencionar equipos no utilizados o copiar un estándar como lista decorativa reduce la trazabilidad.

Hallazgos y anexos

Cada hallazgo relevante debe tener respaldo en imagen, tabla o nota. Si el lector no puede localizarlo, el hallazgo se debilita.

El inventario de material recibido es la primera defensa del dictamen. Cada pieza requiere código, formato, origen, estado, fecha de recepción y relación con el punto de pericia.

Toda fotografía debe estar vinculada con una observación concreta. Una colección de imágenes sin código, escala o referencia en el texto no constituye un anexo auditable.

Matriz de trazabilidad

La matriz enlaza fuente, observación, interpretación, conclusión y verificación externa posible. Es el núcleo auditable del informe.

La ética documentoscópica también exige formular alteraciones desde la detección. Se describen indicios, se preserva el soporte y se deriva cuando procede; no se instruye cómo producir o encubrir una alteración.

Tabla 36. Matriz de trazabilidad con verificación externa

Hallazgo	Fuente	Verificación externa
Presión irregular	Original D1	Posible por microscopía
Copia pixelada	PDF P1	No posible
Fecha de archivo	Metadato	Posible con archivo Fuente
Cadena incompleta	Acta de recepción	Posible con registros

Modelo íntegro de dictamen ficticio: Mendoza Ortega

El modelo siguiente ilustra la estructura de un dictamen auditable. Los nombres, códigos y resultados son ficticios. La redacción debe adaptarse al encargo, la legislación y los procedimientos de cada institución; no constituye una plantilla para copiar sin análisis.

1. Identificación del asunto y objeto pericial

Dictamen pericial en grafoscopía y examen documental núm. 01/2026. Asunto: Mendoza Ortega vs. institución bancaria. Autoridad solicitante: juzgado mercantil ficticio. Objeto: evaluar el grado de apoyo que los rasgos de la firma cuestionada Q1, asentada en la solicitud de crédito D1, proporcionan a la hipótesis de que fue ejecutada por el señor Mendoza Ortega frente a la hipótesis de origen alternativo; describir, además, las limitaciones materiales del documento.

Quedan fuera del encargo la validez del contrato, la manifestación de voluntad, la eventual responsabilidad civil o penal, la identidad de terceras personas y la fecha absoluta de la tinta. La conclusión se refiere exclusivamente al material recibido y deberá revisarse si se incorporan nuevos originales o muestras relevantes.

La carátula del informe incluye número de expediente, autoridad, fecha de designación, identidad profesional del perito y declaración de imparcialidad. El objeto se transcribe y, cuando contiene cuestiones jurídicas o ambiguas, se delimita técnicamente sin alterar el encargo. La delimitación se comunica antes de iniciar: el examen puede valorar origen gráfico y materialidad, pero no decidir consentimiento, obligatoriedad contractual o responsabilidad.

El informe distingue preguntas principales y subsidiarias. La principal se refiere a Q1 frente a M1–M13. La subsidiaria describe si la zona de firma presenta indicios materiales visibles de intervención. Esta separación evita que una respuesta negativa en documentoscopía se interprete como identificación positiva, o que una compatibilidad gráfica se convierta en afirmación sobre integridad completa.

2. Material recibido y cadena de custodia

El 14 de marzo de 2026 se recibió D1, solicitud de crédito original de dos hojas, dentro de sobre sellado con acta de entrega; D2, copia certificada; M1–M10, firmas bancarias atribuidas al señor Mendoza Ortega; y M11–M13, escritos espontáneos contemporáneos. Se verificaron folios, integridad del embalaje, dobleces, perforaciones, manchas y ubicación de Q1. Se generaron fotografías F1–F6 antes de cualquier manipulación.

D1 se conservó en funda inerte y se examinó con guantes limpios sobre superficie estable. Los movimientos de ingreso, examen, revisión y devolución quedaron registrados. D2 se utilizó únicamente para comprobar correspondencia administrativa; las observaciones de soporte, presión y depósito se realizaron sobre D1.

El inventario consigna para cada pieza código, descripción, número de hojas, estado, originalidad, remitente, fecha, embalaje y relación con el punto de pericia. D1 se recibió con sello íntegro; la apertura se fotografió. Las muestras M1–M10 se vincularon con documentos bancarios originales y M11–M13 con escritos de procedencia documentada. Ninguna copia se contó como muestra adicional cuando reproducía una firma ya inventariada.

La cadena interna registró traslado desde recepción hasta gabinete, periodos de examen, acceso del revisor y devolución. El soporte se manipuló sobre superficie limpia y se almacenó separado de materiales que pudieran transferir tinta o presión. Las fotografías iniciales precedieron a toda iluminación especial. Este registro no demuestra autenticidad, pero permite afirmar qué objeto fue observado y bajo qué condiciones.

Se recibió además un PDF enviado por correo. Fue clasificado como representación derivada y se calculó su huella digital para control del archivo, pero no se utilizó para presión ni secuencia. La existencia del PDF ayudó a reconstruir la ruta de circulación y a comparar contenido visible, sin equipararlo al original D1. El dictamen explicó esta diferencia para evitar que "archivo recibido" se confundiera con "fuente primaria del acto".

3. Metodología y secuencia de examen

La secuencia comprendió: aceptación del caso; inventario; evaluación de suficiencia; preanálisis aislado de Q1; análisis de las muestras conocidas; comparación de rasgos generales y particulares; evaluación bajo H1 y H2; revisión independiente; y redacción. Se utilizaron observación visible, fotografía con escala, luz rasante y microscopía de baja magnificación. No se efectuaron pruebas químicas ni datación de tinta.

Las hipótesis fueron H1: Q1 y M1–M13 provienen del mismo escritor; H2: Q1 proviene de otro escritor. La comparación consideró construcción, proporciones, dirección, enlaces, levantamientos, ritmo, presión aparente, arranques, remates y variabilidad natural. Las semejanzas de clase y el parecido general recibieron menor peso que las combinaciones persistentes de rasgos estructurales y dinámicos.

La metodología se presenta como operaciones realizadas, no como lista de nombres. Primero se evaluó si la pregunta era técnicamente viable; después se inventarió y fotografió el material; se examinó Q1 aislada; se clasificaron las muestras; se analizó el rango de variación; se compararon rasgos; se evaluaron H1 y H2; y se sometió el resultado a revisión. Para cada etapa se generó una nota fechada y se asignaron códigos de imágenes.

El examen documentoscópico utilizó luz visible, rasante desde cuatro orientaciones y microscopía estereoscópica. La configuración se registró en la bitácora instrumental. No se practicaron UV, IR ni VSC porque la pregunta material podía abordarse con observación y magnificación, y no existía indicio cromático que justificara una exploración espectral. Esta decisión negativa también forma parte del método: no usar un equipo cuando no aporta evita convertir el informe en catálogo instrumental.

La comparación grafoscópica siguió una secuencia analítica, comparativa y evaluativa. Q1 y M se describieron por construcción, proporciones, dirección, conexiones, puntos de inicio y fin, ritmo, presión disponible y variación. Las observaciones se localizaron en fotografías; las interpretaciones se escribieron en columna separada. La evaluación final no se introdujo hasta completar la matriz.

La gestión contextual limitó al examinador a la pregunta, fecha, naturaleza del documento, identidad atribuida de las muestras y cadena de custodia. No se revelaron declaraciones de las partes ni el resultado de otra pericial antes de cerrar la comparación. La bitácora dejó constancia de esta secuencia. Posteriormente se revisó información adicional para valorar si existía una condición de salud documentada; no se aportó ninguna.

4. Hallazgos documentoscópicos

D1 presentó papel bond, impresión láser y firma manuscrita con bolígrafo. No se observaron abrasión, lavado, tachadura, montaje visible ni guía previa en la zona de Q1. La luz rasante mostró surco continuo, salvo dos levantamientos coincidentes con interrupciones del trazo. Estos datos permiten describir la materialidad disponible, pero no establecen por sí solos la identidad del escritor.

El soporte de D1 mostró uniformidad de dimensiones, fibra y respuesta visible entre ambas hojas. La impresión presentó características compatibles con tóner y no se observaron recortes, adhesivos, injertos ni diferencias de alineación que sugirieran sustitución simple de la zona de firma. Estas observaciones se limitaron al alcance de luz visible, rasante y microscopía; no equivalen a una certificación absoluta de integridad.

En Q1 se observó depósito de bolígrafo y surco continuo en los segmentos ejecutados sin levantamiento. Dos interrupciones correspondieron a separaciones reales del instrumento. No aparecieron acumulaciones compatibles con retoque, líneas guía, residuos de transferencia ni abrasión de fibras. La ausencia de esos signos redujo la plausibilidad de calco material o corrección visible, pero no excluyó una imitación ejecutada directamente.

La copia D2 reprodujo la distribución general, aunque con pérdida de gradación y engrosamiento de bordes. La comparación D1-D2 permitió ilustrar por qué el examen no debe atribuir a la copia propiedades del original. El PDF presentaba reescalado y compresión adicional. Por ello, las imágenes derivadas se usaron para contenido y ruta, no para inferir presión, microinterrupciones o secuencia.

5. Hallazgos grafoscópicos

Q1 y la serie M compartieron arranque ascendente, bucle inicial reducido, proporción estable entre zona media y remate, dirección general y cierre descendente. Q1 mostró dos pausas en el enlace central y menor modulación terminal. En M7 y M12 se observaron interrupciones comparables bajo condiciones de espacio reducido, aunque con mayor fluidez. No se identificaron retoques, temblor lento generalizado ni reconstrucción geométrica del contorno.

Las muestras representaron un rango suficiente de variación: diez firmas entre nueve meses antes y once meses después de D1, más tres escritos espontáneos. M3 era simplificada y M9 presentaba compresión lateral; ambas se conservaron, pero su peso fue menor. La combinación de rasgos menos visibles resultó más informativa que la semejanza global.

El preanálisis de Q1 identificó una firma abreviada de complejidad media, con predominio horizontal, arranque ascendente, bucle reducido, enlace central y remate descendente. La velocidad aparente era moderada. Los dos levantamientos coincidían con cambios de dirección, y la presión terminal parecía menos modulada que en la mayoría de las muestras. El espacio disponible era suficiente y no obligaba a una compresión extrema.

La serie M mostró dos variantes principales: una forma extendida, frecuente en documentos sin recuadro, y una forma comprimida en formatos bancarios. Ambas conservaron la relación proporcional entre bucle inicial, cuerpo central y remate. Los levantamientos aparecieron en tres muestras; la menor modulación terminal, en dos. Esta distribución permitió tratar Q1 como combinación poco frecuente, pero no ajena al rango.

Las concordancias de mayor interés fueron la secuencia del arranque, la forma de reducir el bucle, el punto de reinicio después del enlace y la dirección del remate. El tamaño y la inclinación recibieron menor peso. Las diferencias relevantes fueron la mayor regularidad del contorno y la doble pausa. Ninguna constituyó por sí sola incompatibilidad estructural; en conjunto redujeron la fuerza de identificación.

Los rasgos no evaluables también se reportaron. La línea no cruzaba texto impreso, por lo que no se determinó secuencia; el depósito no fue sometido a análisis químico; y no existían muestras obtenidas el mismo día. Al enumerar estas ausencias se evitó que el lector atribuyera al silencio del informe una comprobación que no ocurrió.

6. Evaluación bajo hipótesis rivales

Las coincidencias estructurales y proporcionales son esperables bajo H1 y menos esperables bajo H2, especialmente por su combinación. Las pausas y la presión terminal irregular reducen la fuerza del apoyo y podrían corresponder a vigilancia, prisa, postura o instrumento. La ausencia de indicadores materiales de calco no excluye una imitación libre, pero debilita la hipótesis de reproducción servil.

No se asignó un LR numérico. El laboratorio no dispone de una base poblacional validada para cuantificar la combinación observada y una cifra intuitiva introduciría falsa precisión. Se empleó la escala verbal definida en el manual, vinculando el nivel a suficiencia, concordancias, diferencias y límites.

La evaluación comparó la probabilidad cualitativa de los hallazgos bajo H1 y H2. La combinación de proporciones, secuencia y puntos de reinicio era coherente con H1 y menos esperable en una ejecución ajena no guiada. Bajo H2 con imitación podían explicarse el parecido general y la mayor regularidad, pero resultaba más difícil reproducir simultáneamente detalles menos visibles. Las pausas, sin embargo, eran compatibles con vigilancia y evitaron un apoyo fuerte.

La fuerza verbal se asignó por reglas previamente definidas. "Apoyo moderado" requería una convergencia significativa, ausencia de diferencias incompatibles y al menos una limitación relevante. No se convirtió a porcentaje. Tampoco se calculó la probabilidad de H1, porque ello exigiría considerar información previa y evidencia ajena a la competencia del perito. El informe comunicó únicamente la fuerza de los hallazgos gráficos entre proposiciones.

Se comprobó la coherencia con la capa documentoscópica. La ausencia de signos visibles de calco era compatible con H1, pero también con una imitación libre; por eso tuvo valor limitado. La materialidad no se sumó como "otra coincidencia" de autoría. Esta separación evitó doble conteo y mostró que cada disciplina responde preguntas diferentes.

7. Limitaciones

La conclusión se limita a Q1 y M1–M13. No determina la integridad jurídica del acto, la voluntad, la identidad de un eventual imitador ni la fecha de la tinta. Las condiciones de ejecución de Q1 no son conocidas y podrían explicar parte de la pérdida de fluidez. Si aparecieran muestras contemporáneas adicionales o evidencia de enfermedad, lesión o cambio motor, la evaluación debería revisarse.

Las limitaciones se ordenaron por fuente. Del material: falta de cruce útil y desconocimiento de las condiciones de ejecución. De la muestra: ausencia de firmas del mismo día y pocos ejemplos de ejecución bajo presión temporal. Del método: inexistencia de datos poblacionales para cuantificar la combinación.

Del contexto: falta de información clínica corroborada. De la competencia: no se intentó datación de tinta ni análisis químico.

Cada limitación se vinculó con su efecto. La ausencia de cruce impidió resolver secuencia; no debilitó directamente la autoría. La falta de muestras contemporáneas exactas redujo la capacidad de explicar las pausas. La ausencia de base poblacional impidió un LR numérico, pero no el uso transparente de una escala verbal. Esta relación evitó una lista genérica de reservas y permitió al tribunal conocer qué parte de la conclusión podía cambiar.

8. Conclusión

Los hallazgos grafoscópicos observados apoyan moderadamente la hipótesis de que Q1 fue ejecutada por la misma persona que produjo M1–M13. La conclusión corresponde a probable identificación y no a identificación fuerte, debido a las pausas del enlace central, la menor modulación terminal y la información incompleta sobre las condiciones de ejecución. No se observaron indicios documentoscópicos visibles de alteración material en la zona de firma dentro del alcance de las técnicas aplicadas.

La conclusión final se presentó en párrafos separados. Primero, autoría: apoyo moderado a origen común. Segundo, materialidad: no se observaron indicios visibles de abrasión, guía, transferencia o retoque en la zona, dentro de las técnicas aplicadas. Tercero, exclusiones: no se determinó secuencia, fecha de tinta, integridad jurídica, voluntad ni responsabilidad. La división impidió que una sola palabra —"compatible"— se extendiera a todo el acto documental.

Se añadió una cláusula de revisión: la opinión podría modificarse si se aportaran nuevas muestras contemporáneas, documentación clínica relevante, otro original o información sobre la toma de Q1. Esta cláusula no debilita el informe; reconoce que la inferencia está condicionada por el conjunto examinado. Cualquier modificación futura deberá presentarse en dictamen complementario, conservando la versión previa y explicando qué dato produjo el cambio.

9. Revisión y anexos

La revisión independiente confirmó la suficiencia de las muestras, la localización de los rasgos y la proporcionalidad de la conclusión. El expediente conserva inventario, acta de recepción, fotografías F1–F14, matriz comparativa, registro de exposición contextual, notas de revisión y copia del dictamen. Cada observación del informe remite a un código de fuente y a un anexo localizable.

Tabla 37. Inventario del modelo Mendoza Ortega

Código	Descripción	Función en el dictamen
D1	Solicitud de crédito original	Objeto primario y soporte de Q1
D2	Copia certificada	Correspondencia administrative
M1–M10	Firmas bancarias	Rango principal de variación
M11–M13	Escritos espontáneos	Ampliación de hábitos gráficos
F1–F14	Registro fotográfico	Localización y revisión de hallazgos

Tabla 38. Matriz de hallazgos del dictamen modelo

Hallazgo	Fuente	Lectura	Límite
Arranque ascendente y bucle reducido	Q1; M2, M4–M13	Concordancia estructural persistente	Rasgo no exclusivo por sí solo
Proporción media/remate	Q1; serie M	Dentro del rango conocido	Dependiente del espacio disponible
Pausas centrales	Q1; M7 y M12	Diferencia parcialmente explicable	Condiciones de ejecución desconocidas
Presión terminal irregular	D1, luz rasante	Reduce fluidez	No atribuible en copia
Sin retoque visible	D1, microscopía	No apoya imitación servil	No excluye imitación libre

Tabla 39. Trazabilidad entre fuente, hallazgo y conclusión

Fuente	Observación	Interpretación	Conclusión asociada
D1 / F4	Surco continuo con dos levantamientos	Ejecución manuscrita con interrupciones	Reserva sobre fluidez
M1–M13 / F7–F12	Construcción y proporciones convergentes	Compatibilidad con origen común	Apoyo moderado a H1
Acta C1	Cadena documentada	Objeto primario identificable	Permite examen material
Registro R1	Revisión independiente	Control de puntos ciegos	Conclusión confirmada con reserva

El revisor recibió primero los materiales y la matriz sin conocer la categoría propuesta. Identificó los mismos cuatro grupos de concordancias y confirmó que las pausas debían reducir el nivel. Sugirió precisar que la ausencia de retoque era un hallazgo documentoscópico negativo de alcance limitado. La redacción fue ajustada y la nota original se conservó. Esta práctica mostró una revisión capaz de modificar el informe, no una firma automática de conformidad.

Los anexos se organizaron por función: A1 inventario y custodia; A2 fotografías generales; A3 preanálisis de Q1; A4 evaluación de muestras; A5 matriz comparativa; A6 observación instrumental; A7 control contextual; A8 revisión; A9 trazabilidad; y A10 escala y conclusión. Las ampliaciones incluyeron una vista de contexto antes del detalle. Cada señalamiento del cuerpo remitió a código y no a una descripción vaga como "véase fotografía".

Para la defensa oral se preparó una síntesis de cinco minutos y un índice de anexos. El perito ensayó respuestas sobre originalidad, suficiencia, diferencias adversas, error, sesgo y frontera jurídica. La preparación no buscó memorizar frases persuasivas, sino mantener coherencia con el informe. Ante preguntas cerradas, la respuesta debía volver a la proposición, al grado de apoyo y a la limitación correspondiente.

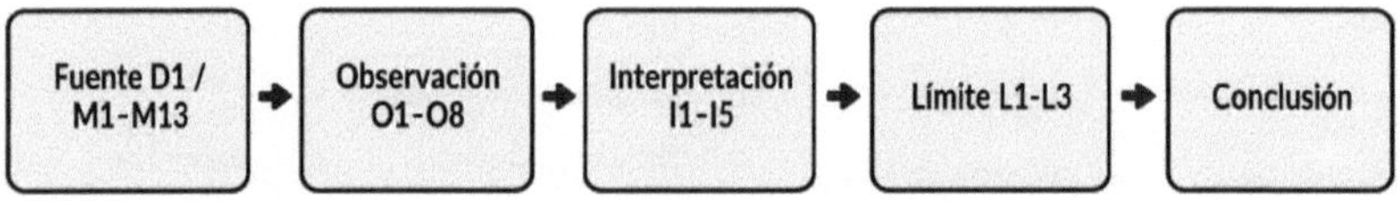

Figura 20. Mapa de trazabilidad del dictamen ficticio Mendoza Ortega. Fuente: elaboración propia.

Protocolo fotográfico

La fotografía debe permitir revisión. Se requiere toma general, escala, detalle, luz rasante si procede, nomenclatura uniforme y respaldo no alterado.

Cuando el gabinete no cuenta con técnica suficiente, la derivación preserva la calidad del dictamen. Derivar no es fallar; es reconocer el límite del método disponible.

El caso Mendoza Ortega ilustra la necesidad de conclusiones divididas y lenguaje gradual. Las coincidencias pueden apoyar origen común, pero las pausas, presión irregular o muestras limitadas pueden reducir la fuerza. La redacción madura explica por qué se elige probable identificación, identificación fuerte o indeterminación, y deja claro que autoría de firma no equivale automáticamente a integridad documental.

El registro fotográfico debe consignar cámara, resolución, fecha y responsable.

Toda ampliación debe conservar una vista de contexto y registrar el recorte o realce aplicado. La bitácora fotográfica enlaza la imagen derivada con su archivo original y su finalidad pericial.

Tabla 40. Control fotográfico mínimo

Toma	Finalidad	Dato obligatorio
General	Ubicar documento completo	Escala y folio
Detalle	Rasgo observado	Aumento
Luz rasante	Relieve	Ángulo
UV/IR	Respuesta material	Equipo y filtro

Defensa oral del dictamen

La defensa oral no agrega método nuevo; explica el método escrito. El perito debe llevar claras tres ideas: qué halló, qué significa y qué límite conserva.

El dictamen complementario debe explicar qué cambia con el nuevo material y qué permanece igual. No debe reescribir el informe inicial como si siempre hubiera contado con esos datos.

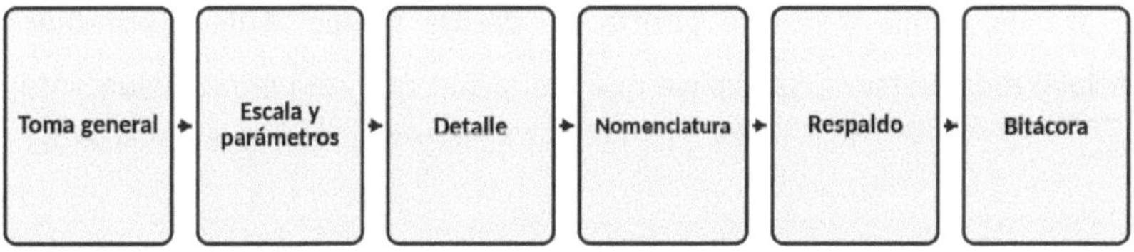

Figura 21. Protocolo fotográfico para dictamen auditable. Fuente: elaboración propia.

Secuencia de exposición ante tribunal

Una exposición clara puede organizarse en seis momentos: encargo, material, método, hallazgos, evaluación y límites. El perito debe identificar desde el inicio qué examinó y qué no. Después puede mostrar una imagen general, una matriz resumida y dos o tres ejemplos representativos. Saturar la audiencia con decenas de ampliaciones dificulta la comprensión y puede ocultar la lógica. Los anexos completos permanecen disponibles para preguntas y contradicción.

Las ayudas visuales deben reproducir fielmente el archivo de trabajo. Cualquier realce, contraste o recorte se identifica como copia ilustrativa y se acompaña de la vista original. Las flechas no deben cubrir el trazo. Una escala, código y pie permiten localizar la fuente. El perito explica qué se observa antes de decir qué significa; esta secuencia ayuda al tribunal a distinguir dato e inferencia.

Tabla 41. Mendoza Ortega: respuestas bajo presión

Pregunta de contraparte	Respuesta técnica modelo	Límite que conserva
¿Puede afirmar autenticidad plena?	No. Los hallazgos apoyan moderadamente origen común, pero la conclusión no alcanza identificación fuerte.	Evita certeza absoluta.
¿Las pausas prueban falsificación?	No por sí solas. Deben valorarse con variabilidad, soporte, instrumento y muestras contemporáneas.	Evita salto inferencial.
¿Por qué no excluyó al firmante?	Porque hay coincidencias relevantes y una muestra del propio titular con interrupciones semejantes.	Explica hallazgos favorables y adversos.
¿Su opinión decide el juicio?	No. Comunico el peso técnico de los hallazgos; la valoración integral corresponde al órgano jurisdiccional.	Respeta frontera pericial-jurídica.

Respuestas a preguntas de presión

Ante "¿está usted cien por ciento seguro?", la respuesta técnica identifica el nivel empleado y su fundamento: "No utilizo certeza absoluta; los hallazgos apoyan moderadamente H1 por estas concordancias y conservan estas reservas". Ante "¿entonces la firma es falsa?", debe aclararse que la escala no usa esa dicotomía y que la pericia no decide fraude. Ante "¿por qué no concluyó más fuerte?", se explica qué limitación concreta impidió aumentar el nivel.

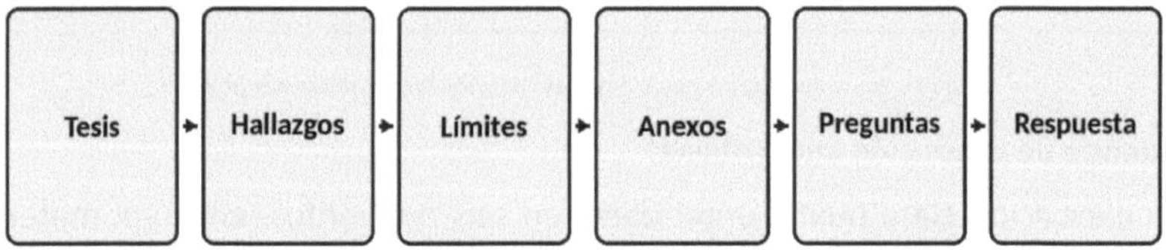

Figura 22. Preparación de defensa oral del dictamen. Fuente: elaboración propia.

El contrainterrogatorio puede revelar una omisión legítima. Si se muestra una diferencia no discutida, el perito debe examinarla y reconocer su posible efecto, no improvisar una defensa. La credibilidad aumenta cuando se distingue entre un dato que ya fue considerado, uno que requiere revisión y una premisa incorrecta de la pregunta. Si la nueva información pudiera cambiar la conclusión, corresponde declararlo y solicitar tiempo para un análisis complementario.

La consistencia entre notas, dictamen y testimonio es un control esencial. El experto no debe añadir en audiencia una técnica no practicada, una certeza no escrita o una explicación causal inventada. Puede aclarar el razonamiento, pero no reconstruir retrospectivamente el expediente. La preparación más sólida es un archivo completo y una conclusión comprendida, no una actuación escénica.

Errores frecuentes

Los errores repetidos en dictámenes son evitables: certeza absoluta, falta de inventario, ausencia de anexos, confusión con grafología y omisión de limitaciones.

Las diferencias estructurales persistentes apoyan origen distinto sólo después de considerar variabilidad natural, soporte, instrumento, salud, fatiga y condiciones de toma.

Antes de firmar, una lista de verificación debe confirmar inventario, suficiencia, diferencias adversas, anexos, revisión, escala de conclusión y exclusiones jurídicas.

Tabla 42. Errores frecuentes, consecuencia y corrección

Error	Consecuencia	Corrección
Afirmar certeza absoluta	Impugnación técnica	Escala graduada
No describir muestras	Opacidad	Inventario
Omitir diferencias	Sesgo de confirmación	Comparación balanceada
Confundir grafología	Pérdida de pertinencia	Objeto forense
No anexar imágenes	No auditabilidad	Anexo fotográfico

Dictamen complementario

Si llega nuevo material, el complemento debe explicar qué cambia y qué no. No debe reescribir la historia como si el primer informe hubiera tenido datos que no tenía.

La metodología debe explicar operaciones efectivamente realizadas. Citar equipos no usados o estándares no aplicados genera apariencia de rigor, pero no trazabilidad.

Archivo pericial

El expediente de trabajo debe conservar notas, imágenes, copias de documentos, comunicaciones relevantes y versiones del informe. La preservación permite defensa futura.

El PDF debe examinarse como archivo y como representación. Resolución, modo de color, compresión y metadatos ayudan a decidir si el cotejo es apto, limitado o insuficiente.

La defensa oral no debe agregar certeza que el informe no contiene. El perito debe conservar el mismo grado de conclusión, reconocer límites, explicar diferencias y resistir preguntas que mezclan técnica con culpabilidad. El archivo pericial respalda esa defensa: notas, imágenes, versiones, comunicaciones y revisión permiten sostener el informe meses después de emitido.

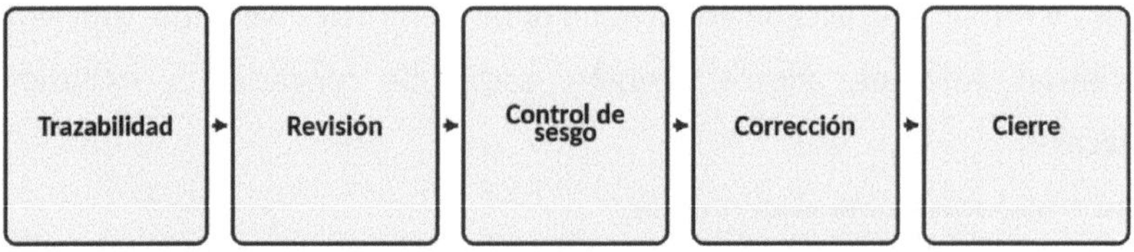

Figura 23. Ciclo de auditoría interna del informe pericial. Fuente: elaboración propia.

Ética de la conclusión

La ética pericial se mide al escribir límites cuando incomodan. Un dictamen serio no complace expectativas: comunica lo que la evidencia permite.

El LR conceptual no es una licencia para inventar cifras. Si no existe base empírica suficiente, el dictamen debe expresar fuerza verbal y límites de interpretación.

Cierre del dictamen auditable

El informe final debe resistir lectura judicial, revisión de contraparte y auditoría interna. Su claridad no simplifica en exceso; ordena la complejidad.

El archivo pericial conserva memoria técnica: notas, imágenes, comunicaciones relevantes, versiones del informe y respaldo de anexos. Guardar sólo el PDF final empobrece la defensa futura.

Conclusiones

El examen de documentos cuestionados alcanza su mayor utilidad cuando abandona la promesa de certeza absoluta y se organiza como una cadena de decisiones verificables. Recibir, identificar, preservar, observar, comparar, evaluar, revisar y comunicar no son fases intercambiables: cada una condiciona la siguiente. Un dictamen puede contener una comparación técnicamente cuidadosa y, aun así, ser débil si el objeto no fue identificado, las muestras no son atribuibles o las limitaciones se esconden en una nota marginal.

La primera conclusión de esta obra es que la autoría gráfica y la integridad documental deben permanecer separadas. Una firma compatible no demuestra que el texto estuviera completo al momento de firmarse; una alteración material no identifica automáticamente a quien la realizó; y un soporte genuino puede contener una escritura de origen controvertido. La división de preguntas permite respuestas más precisas y evita la etiqueta global de "falso", que suele mezclar hechos técnicos, consecuencias jurídicas e intenciones no examinadas.

La segunda conclusión se refiere a la muestra. La suficiencia no es un número mágico, sino una evaluación de identidad, contemporaneidad, espontaneidad, calidad, comparabilidad, complejidad y variabilidad. El perito debe explicar por qué acepta o limita cada muestra y cómo esa decisión modifica la fuerza del resultado. Cuando la base comparativa no representa adecuadamente el rango del supuesto autor, la respuesta correcta puede ser indeterminada, aunque exista presión procesal para emitir una identificación.

La tercera conclusión es que la grafoscopía no puede sostenerse en parecido morfológico aislado. La valoración debe integrar construcción, proporciones internas, ritmo, enlaces, levantamientos, arranques, remates, presión disponible y variabilidad natural. Las coincidencias de clase orientan; las combinaciones persistentes y menos visibles aportan mayor información; las diferencias exigen explicación. Contar rasgos como votos simplifica en exceso un fenómeno motor complejo.

La cuarta conclusión concierne a los factores humanos. El sesgo, la fatiga, el efecto cascada y la conformidad en la revisión son riesgos normales de cualquier actividad experta. La solución no consiste en afirmar inmunidad, sino en administrar contexto, registrar exposición, formular hipótesis rivales, revisar materiales antes de conocer conclusiones y mantener una cultura en la que los errores puedan detectarse y corregirse. La competencia profesional se demuestra mediante desempeño, actualización, revisión y trazabilidad, no únicamente mediante credenciales.

La quinta conclusión es documentoscópica: el soporte define lo que puede saberse. Originales, copias, fotografías, PDF y archivos fuente conservan propiedades distintas. La pérdida de relieve, presión, secuencia o detalle por compresión debe formar parte de la conclusión. La iluminación y el instrumental aportan información cuando responden a una pregunta concreta, se aplican mediante procedimientos controlados y se documentan con parámetros. Nombrar equipos sin justificar su uso es retórica, no metodología.

La sexta conclusión se relaciona con la evaluación. El LR ofrece un marco lógico para preguntar bajo cuál hipótesis son más esperables los hallazgos; no autoriza números sin datos. Cuando la cuantificación no es defendible, una escala verbal puede ser útil si se define previamente, se vincula con la evidencia y expresa apoyo relativo entre proposiciones. La conclusión pericial no es la probabilidad de culpabilidad, ni la probabilidad de que una persona sea autora: es una comunicación sobre la fuerza de los hallazgos dentro de hipótesis delimitadas.

La séptima conclusión es procesal. El perito no resuelve dolo, fraude, culpabilidad, carga de la prueba ni validez jurídica. Su responsabilidad es mantener una opinión dentro del campo de especialidad y explicar sus límites incluso cuando resulten incómodos para quien solicitó el servicio. Juzgadores y litigantes pueden elevar la calidad de la prueba si exigen inventario, método aplicado, muestras suficientes, anexos localizables, revisión y una correspondencia visible entre hallazgos y conclusión.

Implicaciones para la práctica profesional

Para el perito, el manual propone trabajar con un expediente de caso y no sólo con un informe final. La memoria técnica se conserva en actas de recepción, fotografías originales, matrices, notas de observación, comunicaciones pertinentes, registros de contexto y revisiones. Para el investigador, propone localizar fuentes, versiones y rutas sin prescribir al examinador el resultado. Para el litigante, ofrece preguntas que se dirigen a insumos y razonamiento. Para el juzgador, proporciona criterios para valorar si la seguridad verbal corresponde realmente a la evidencia.

Criterio final de prudencia

Una práctica pericial madura no se mide por la frecuencia con la que identifica, sino por la consistencia con la que distingue lo demostrable, lo probable, lo indeterminado y lo ajeno a su competencia. La prudencia no es evasión cuando se explican sus razones; es una forma de precisión. De igual manera, una conclusión fuerte no debe suavizarse artificialmente si el material es suficiente y la convergencia está documentada. La proporcionalidad exige tanto contener el exceso como evitar la falsa modestia.

El estándar de calidad que debe guiar el cierre de cada caso puede expresarse en cinco preguntas: ¿el objeto examinado está inequívocamente identificado?, ¿la muestra permite representar variación y comparabilidad?, ¿los hallazgos pueden localizarse y revisarse?, ¿se consideraron hipótesis y explicaciones alternativas?, ¿la conclusión dice exactamente lo que los datos permiten y nada más? Cuando las cinco respuestas son afirmativas, el dictamen deja de depender de autoridad personal y se convierte en evidencia técnica discutible, auditable y útil para la justicia.

Referencias

AAFS Standards Board. (2022). *ANSI/ASB Standard 070-22: Standard for examination of handwritten items* (1st ed.). https://www.aafs.org/asb-standard/standard-examination-handwritten-items

Aitken, C. G. G., Taroni, F., & Bozza, S. (2021). *Statistics and the evaluation of evidence for forensic scientists* (3rd ed.). Wiley. https://doi.org/10.1002/9781119245438

Cámara de Diputados del H. Congreso de la Unión. (2025a). *Código de Comercio* (última reforma DOF 14-11-2025). https://www.diputados.gob.mx/LeyesBiblio/pdf/CCom.pdf

Cámara de Diputados del H. Congreso de la Unión. (2025b). *Código Nacional de Procedimientos Penales* (última reforma DOF 28-11-2025). https://www.diputados.gob.mx/LeyesBiblio/pdf/CNPP.pdf

Cole, S. A. (2009). Forensics without uniqueness, conclusions without individualization: The new epistemology of forensic identification. *Law, Probability and Risk, 8*(3), 233–255. https://doi.org/10.1093/lpr/mgp016

Consejo Nacional de Normalización y Certificación de Competencias Laborales. (2017). *EC0945: Investigación privada para la obtención de datos, elementos u objetos relacionados con un evento*. https://www.conocer.gob.mx/contenido/publicaciones_dof/2017/EC0945.pdf

Consejo Nacional de Normalización y Certificación de Competencias Laborales. (2018). *EC1081: Elaboración de peritajes técnicos grafoscópicos*. https://www.conocer.gob.mx/contenido/publicaciones_dof/2018/EC1081.pdf

Consejo Nacional de Normalización y Certificación de Competencias Laborales. (2019). *EC1204: Elaboración de peritajes técnicos*. https://www.conocer.gob.mx/contenido/publicaciones_dof/2019/EC1204.pdf

Dror, I. E. (2020). Cognitive and human factors in expert decision making: Six fallacies and the eight sources of bias. *Analytical Chemistry, 92*(12), 7998–8004. https://doi.org/10.1021/acs.analchem.0c00704

Dror, I. E., & Cole, S. A. (2010). The vision in blind justice: Expert perception, judgment, and visual cognition in forensic pattern recognition. *Psychonomic Bulletin & Review, 17*(2), 161–167. https://doi.org/10.3758/PBR.17.2.161

European Network of Forensic Science Institutes. (2015). *ENFSI guideline for evaluative reporting in forensic science* (Version 3.0). https://enfsi.eu/wp-content/uploads/2016/09/m1_guideline.pdf

European Network of Forensic Science Institutes. (2022). *Best practice manual for the forensic handwriting examination* (ENFSI-BPM-FHX-01, Ed. 04). https://enfsi.eu/wp-content/uploads/2023/02/BPM-Handwriting-Ed.-4.pdf

Expert Working Group for Human Factors in Handwriting Examination. (2021). *Forensic handwriting examination and human factors: Improving the practice through a systems approach* (NISTIR 8282R1). National Institute of Standards and Technology. https://doi.org/10.6028/NIST.IR.8282r1

Found, B., & Rogers, D. (2008). The probative character of forensic handwriting examiners' identification and elimination opinions on questioned signatures. *Forensic Science International, 178*(1), 54–60. https://doi.org/10.1016/j.forsciint.2008.02.001

Huber, R. A., & Headrick, A. M. (1999). *Handwriting identification: Facts and fundamentals*. CRC Press. https://doi.org/10.1201/9781420048773

International Organization for Standardization. (2017). *ISO/IEC 17025:2017: General requirements for the competence of testing and calibration laboratories*. https://www.iso.org/standard/66912.html

Kelly, J. S., & Lindblom, B. S. (Eds.). (2006). *Scientific examination of questioned documents* (2nd ed.). CRC Press. https://doi.org/10.1201/9781420003765

Mnookin, J. L., Cole, S. A., Dror, I. E., Fisher, B. A. J., Houck, M. M., Inman, K., Kaye, D. H., Koehler, J. J., Langenburg, G., Risinger, D. M., Rudin, N., Siegel, J. A., & Stoney, D. A. (2011). The need for a research culture in the forensic sciences. *UCLA Law Review, 58*, 725–779.

National Institute of Standards and Technology. (2025). *ANSI/ASB Standard 070-22: Standard for examination of handwritten items, 2022, 1st ed.* OSAC Registry. https://www.nist.gov/osac/standards-library/ansiasb-standard-070-22

President's Council of Advisors on Science and Technology. (2016). *Forensic science in criminal courts: Ensuring scientific validity of feature-comparison methods*. Executive Office of the President. https://obamawhitehouse.archives.gov/sites/default/files/microsites/ostp/PCAST/pcast_forensic_science_report_final.pdf

Risinger, D. M., Saks, M. J., Thompson, W. C., & Rosenthal, R. (2002). The Daubert/Kumho implications of observer effects in forensic science: Hidden problems of expectation and suggestion. *California Law Review, 90*(1), 1–56. https://doi.org/10.2307/3481305

Saks, M. J., & Koehler, J. J. (2005). The coming paradigm shift in forensic identification science. *Science, 309*(5736), 892–895. https://doi.org/10.1126/science.1111565

Taroni, F., Bozza, S., Biedermann, A., Garbolino, P., & Aitken, C. G. G. (2010). *Data analysis in forensic science: A Bayesian decision perspective*. Wiley. https://doi.org/10.1002/9780470665084

Anexos profesionales y rellenables

Los formatos siguientes están diseñados para completarse directamente en Word o imprimirse para trabajo de gabinete. Cada casilla debe corresponder a una fuente verificable. Cuando un dato no exista, la ausencia y su efecto deben asentarse en observaciones; una casilla vacía sin explicación rompe la trazabilidad.

Reglas de llenado y conservación

Los formatos se completan durante la actuación correspondiente, no al finalizar el informe. Las anotaciones deben ser legibles, fechadas y atribuibles a una persona. Si un campo no aplica, se consigna "N/A"; si el dato se desconoce, se escribe "no disponible" y se explica su efecto. Dejar un espacio vacío impide distinguir entre ausencia de información y omisión de registro.

Los códigos asignados a documentos, muestras, fotografías y notas no deben cambiar durante el expediente. Una corrección se realiza sin borrar la anotación original: se identifica el cambio, la fecha, la persona responsable y el motivo. Las versiones digitales se conservan con nombres controlados, respaldo y, cuando sea posible, una huella de integridad.

Tabla 43. Convenciones para los anexos

Marca	Significado	Forma de registro
N/A	El campo no corresponde al caso	Anotar N/A y, si es necesario, justificar
No disponible	El dato debería existir, pero no fue aportado	Indicar solicitud y efecto de la ausencia
Pendiente	Existe una gestión en curso	Registrar responsable y fecha de seguimiento
Corrección	Se modifica un dato previamente asentado	Conservar original, fecha, motivo y firma
Derivación	La pregunta excede el alcance disponible	Identificar laboratorio, objeto y solicitud

Los formatos no sustituyen las notas libres cuando un hallazgo exige mayor detalle. Su función es asegurar mínimos comunes y conectar cada decisión con una fuente. Deben conservarse junto con fotografías, comunicaciones, resultados instrumentales, revisiones y versiones del dictamen.

Anexo 1. Recepción documental y cadena de custodia

Registrar el estado del objeto antes de cualquier examen. Las transferencias posteriores deben conservar el mismo código de identificación.

Tabla 44. Acta de recepción documental

Campo	Registro
Expediente / asunto	
Autoridad o solicitante	
Fecha y hora de recepción	
Persona que entrega / identificación	
Persona que recibe / cargo	
Código asignado al objeto	
Tipo de material	[ ] Original [ ] Copia certificada [ ] Copia simple [ ] PDF [ ] Imagen [ ] Otro
Descripción física y folios	
Estado de embalaje y sellos	
Daños, dobleces, manchas o intervenciones visibles	
Archivos digitales recibidos / medio de transferencia	
Fotografías iniciales	Códigos:
Restricciones comunicadas por el remitente	
Observaciones y limitaciones iniciales	
Firma de entrega	
Firma de recepción	

Tabla 45. Registro de transferencias y resguardo

Fecha y hora	Entrega	Recibe	Motivo / ubicación	Estado y firma

Anexo 2. Acta de toma de muestras grafoscópicas

La toma debe evitar inducir imitación. Registre condiciones, instrucciones, instrumentos y cualquier circunstancia que pueda afectar la ejecución.

Tabla 46. Identificación y condiciones de toma

Campo	Registro
Fecha, hora y lugar	
Persona que proporciona la muestra	
Documento de identificación	
Postura, superficie y apoyo	
Instrumentos escritores disponibles	
Tipo de muestra	[ ] Firma [ ] Texto libre [ ] Dictado [ ] Transcripción [ ] Números
Texto o consignas utilizados	
Exposición al documento cuestionado	[ ] No [ ] Sí. Motivo y duración:
Condiciones de salud o movilidad declaradas	
Interrupciones, fatiga o incidencias	
Responsable de la toma	
Firma de conformidad	

Tabla 47. Registro de repeticiones

Código	Tipo	Hora	Instrumento / soporte	Observaciones de fluidez o vigilancia
M1				
M2				
M3				
M4				
M5				
M6				
M7				

Código	Tipo	Hora	Instrumento / soporte	Observaciones de fluidez o vigilancia
M8				

Anexo 3. Matriz de suficiencia muestral

La decisión de aptitud debe preceder al cotejo. Una muestra limitada no se compensa con lenguaje más categórico.

Tabla 48. Evaluación de suficiencia

Criterio	Registro objetivo	Decisión
Atribución / procedencia		[ ] Verificada [ ] Parcial [ ] No verificada
Cantidad		[ ] Suficiente [ ] Limitada [ ] Insuficiente
Contemporaneidad		[ ] Próxima [ ] Parcial [ ] Lejana
Comparabilidad de tipo y texto		[ ] Alta [ ] Media [ ] Baja
Calidad y legibilidad		[ ] Apta [ ] Condicionada [ ] No apta
Variabilidad representada		[ ] Adecuada [ ] Parcial [ ] No representada
Complejidad de la escritura		[ ] Alta [ ] Media [ ] Baja
Originalidad del soporte		[ ] Original [ ] Derivado [ ] Mixto
Decisión global		[ ] Procede [ ] Procede con límites [ ] No procede
Material adicional solicitado		
Fundamento de la decisión		

Anexo 4. Matriz de cotejo grafoscópico

Registre rasgos favorables, adversos y no evaluables. La columna de fuente debe remitir a una imagen o muestra concreta.

Tabla 49. Comparación de rasgos

Rasgo	Q / ubicación	K / rango	Concordancia o diferencia	Valor y explicación	Fuente
Construcción					
Proporciones internas					
Arranques					
Remates					
Enlaces y levantamientos					
Ritmo y fluidez					
Presión disponible					
Dirección e inclinación					
Espontaneidad / vigilancia					
Rasgos no evaluables					
Síntesis					

Anexo 5. Control de información contextual y sesgo

El registro debe indicar qué información se recibió, si era necesaria para la tarea y cuándo se reveló al examinador.

Tabla 50. Bitácora de exposición contextual

Fecha / fase	Información	Relevancia para la tarea	Decisión	Responsable
		[ ] Necesaria [ ] Neutra [ ] Irrelevante	[ ] Entregar [ ] Diferir [ ] Excluir	
		[ ] Necesaria [ ] Neutra [ ] Irrelevante	[ ] Entregar [ ] Diferir [ ] Excluir	
		[ ] Necesaria [ ] Neutra [ ] Irrelevante	[ ] Entregar [ ] Diferir [ ] Excluir	
		[ ] Necesaria [ ] Neutra [ ] Irrelevante	[ ] Entregar [ ] Diferir [ ] Excluir	
Riesgo identificado		[ ] Confirmación [ ] Anclaje [ ] Cascada [ ] Fatiga		
Medida de control		[ ] Revisión secuencial [ ] Cegamiento parcial [ ] Segunda lectura		
Observaciones				

Anexo 6. Registro de examen instrumental

Una técnica sólo debe consignarse si fue aplicada. Registre parámetros suficientes para que otro profesional comprenda las condiciones del hallazgo.

Tabla 51. Bitácora instrumental

Código	Objeto	Técnica / equipo	Parámetros	Archivo generado	Hallazgo / límite
I-01		Luz visible			
I-02		Luz rasante			
I-03		Luz transmitida			
I-04		UV			
I-05		IR / VSC			
I-06		Microscopía			
I-07		ESDA / derivación			
Control / verificación					
Observaciones de preservación					

Anexo 7. Protocolo fotográfico y control de archivos

Conserve los archivos originales y documente cualquier recorte o ajuste efectuado en copias de trabajo.

Tabla 52. Registro fotográfico

Código	Toma / finalidad	Escala	Luz / ángulo	Resolución y formato	Archivo / huella digital	Observaciones
F-01	Vista general					
F-02	Detalle de firma					
F-03	Rasgo comparativo					
F-04	Luz rasante					
F-05	UV / IR					
F-06	Embalaje					
F-07	Anexo adicional					
Respa ldo	Ubicación primaria:		Copia:			

Anexo 8. Revisión independiente y tratamiento de discrepancias

El revisor debe identificar el material consultado y distinguir confirmación de simple lectura del informe.

Tabla 53. Registro de revisión técnica

Campo	Registro
Revisor / competencia	
Fecha y modalidad	[ ] Ciega a la conclusión [ ] Con conclusión visible [ ] Parcial
Material revisado	
Suficiencia de muestras	[ ] Confirmada [ ] Observada con reservas [ ] No confirmada
Hallazgos críticos verificados	
Diferencias o rasgos omitidos	
Nivel de conclusión propuesto	
Discrepancias y fundamento	
Acción adoptada	[ ] Sin cambio [ ] Corrección [ ] Nueva evaluación [ ] Tercer revisor
Firma del revisor	
Firma del responsable del informe	

Anexo 9. Matriz de trazabilidad y conclusión graduada

Cada conclusión debe enlazarse con fuentes, observaciones y limitaciones identificables.

Tabla 54. Trazabilidad de la conclusión

ID	Fuente	Observación	Inferencia	Limitación	Anexo	Impacto
T-01						
T-02						
T-03						
T-04						
T-05						
T-06						
Síntesis						

Tabla 55. Formulación final

Elemento	Redacción del caso
H1	
H2	
Hallazgos que apoyan H1	
Hallazgos que apoyan H2	
Limitaciones	
Nivel verbal	[ ] Fuerte [ ] Moderado [ ] Limitado [ ] Indeterminado
Conclusión completa	

Anexo 10. Preparación de audiencia y contrainterrogatorio

La respuesta oral no debe superar la fuerza de la conclusión escrita. Prepare referencias exactas a anexos y limitaciones.

Tabla 56. Guía de preparación oral

Tema	Pregunta probable	Respuesta técnica	Anexo / respaldo
Objeto	¿Qué le pidieron determinar?		
Material	¿Trabajó con original?		
Muestra	¿Por qué la considera suficiente?		
Método	¿Qué operaciones practicó?		
Diferencias	¿Qué hallazgos contradicen su conclusión?		
Sesgo	¿Qué información conocía?		
Error	¿Puede equivocarse?		
Conclusión	¿Es auténtica o falsa?		
Frontera jurídica	¿Quién cometió fraude?		
Nueva información	¿Cambiaría su opinión?		

Anexo 11. Glosario y codificación del expediente

Defina los términos que puedan interpretarse de forma distinta y conserve códigos estables durante todo el caso.

Tabla 57. Glosario operativo

Término / código	Definición de trabajo	Uso en el caso
Q	Elemento cuestionado	
K / M	Muestra conocida	
D	Documento o soporte	
F	Fotografía	
H1 / H2	Hipótesis rivales	
Grafoscopía	Cotejo técnico de escritura y firmas	
Documentoscopía	Examen material del documento	
Indeterminado	El material no discrimina adecuadamente	
Limitación	Condición que reduce el alcance	
Otro		

MIX
Papier aus verantwortungsvollen Quellen
Paper from responsible sources
FSC® C105338

Printed by Books on Demand GmbH, Norderstedt / Germany